ポケット版

「イヤな気持ち」を消す技術

苫米地英人

フォレスト出版

再版にあたって

２０１２年に初版を発行した本書がポケット版として再版されることになりました。

初版は東日本大震災によって心身ともに傷ついた人々のために書いたものでしたが、今回の再版にあたってはコロナ禍で苦しむ人々を救済するためのものとなります。

コロナウィルスによる世界的パンデミックは発生からすでに1年半が過ぎようとしていますが、なかなか終わりが見えません。今回のコロナ禍は通常のパンデミックとは違う、人災的な要因が多くあることが長引く原因のひとつかもしれません。

例えば、コロナウィルスの発生源の怪しさ、ワクチンに関する問題、さらに緊急事態宣言や時短要請、まん延防止等重点措置などによって、多くの企業や飲食店が強制的に営業停止を余儀なくさせられました。この措置による影響は多大で、日本人のほぼ全員が将来的な不安に陥っただけでなく、金銭的なダメージを直接浴びました。

今回のコロナ禍は3・11の時とは明らかに異なる状況なのです。前向きに頑張ろうとしても、政治が手枷足枷をかけてくるという中での「閉塞感」といえるかもしれません。

一言で言えば、**理不尽な状況**なのです。

天災であり、なおかつ人災の側面をもつ理不尽なこの状況で、私たちはどうすればいいのでしょうか？　どのようにして不安と戦い、明日を目指して歩を進めていけばいいのでしょうか？

その答えのひとつとして本書があると私は確信しています。

『「イヤな気持ち」を消す技術』とは、強い怒り、マイナスの出来事に対する絶望感や恐怖感、忘れようとしているのに頭から離れない不安の数々を軽減し、**最終的にはマイナス要因のすべてを忘れ去ることが可能な「脳と心の使い方」を伝えるものです。**

なぜ、忘れることができるのかというと、記憶とはどういうものかがすでに認知科学の研究によってわかっているからです。

「失敗の記憶」はなぜ脳に深く刻まれるのか？

詳しくは本文を読んでほしいのですが、**脳は「失敗の経験」を大切にします。なぜなら、**

成功の経験よりも失敗の経験のほうが、人が生きていくためには重要だからです。

ヒトは類人猿時代、食料を得るために植物を採取し、動物を狩っていました。その際、一番大事なことは、「この草は食べられるか、食べられないか」だったはずです。「この動物に攻撃しても大丈夫か、危険なのか」あるいは「毒を持っているか、いないか」だったでしょう。食べてはダメな植物、手を出してはいけない動物は絶対に記憶しなければいけませんでした。

では、その記憶はどうやって身につけるのかといえば、一度失敗することです。少し食べて体調を崩したらその草は毒草であり、その色や形を覚えて二度と手を出さないことが生き抜くことに直結しました。これは動物をハントする時も同様です。

つまり、失敗の記憶は私たちにとってはとても大切なものだったのです。ですから、**私たちはいまでも失敗の記憶をなかなか消去しないのです。これが人間の脳にデフォルトで備わっている機能です。**

「なぜ、理不尽な仕打ちが忘れらないんだろう」と落ち込む必要はもうありません。「なぜ、いつまでもクヨクヨ悩んでしまうんだろう」と嘆く必要もありません。もともと人間の脳はそういうふうにできているのです。

読者のみなさんにはまず、この事実をお伝えしたいと思います。

こういった事実を理解すれば、「落ち込むことやクヨクヨすることが自然である」と理解できるようになり、後ろめたさや自分を責める感覚から解放されるでしょう。解放されれば、大脳の前頭前野が活性化し、論理的に状況を判断することが可能となってきますので、問題解決のために能動的に動くことができるようになるのです。

理不尽さをきわめる日本の状況

現在、日本では自殺者が急速に増えていると言われています。それは、いまの日本が理不尽さ、不透明さ、不公平さで溢れ始めているからでしょう。

情報も錯綜し、正反対の情報が同時に出てくるといったことも珍しくありません。本当は時短なんかする必要がないという識者は多くいますし、その根拠もしっかりしています。ニューヨークの地下鉄では時短することでかえって混雑し、まん延を悪化したとされています。時間を深夜まで延長し、人数制限する方が効果的かもしれません。

緊急事態宣言になったり、まん延防止措置による時短に変わったりという判断も実態は医療数理によるものではなく**少数の政治家の力関係**によることであるのは、国民の目にはもう明らかです。オリンピック開催も同様です。

また、肝心なワクチンにしても本当は打ったほうがいいのか、打たないほうがいいのか、国民にはいまだにわかりません。

もちろん医療従事者や高リスクの高齢者は打つべきという論理は当然理解できます。そうではなくコロナによる死亡率が極めて低い働き盛りの50歳未満に職場で一斉に接種という流れや、死亡者どころか重症者もゼロの20歳以下に接種せよという政府の主張は理解不能です。

若年層へのワクチン接種はテロ行為？

具体的な数字を見てみましょう。東京都の直近の公開データでは人口1396万人に対してPCR陽性者数は6225人で、人口の0・04%。そのうち死亡者数は325人。計算上は陽性者の5・2%が亡くなっていますが、コロナは無自覚感染者が大量と推測され、PCR検査数が発熱などの発症者に事実上限られているので、実際の死亡率はずっと低いはずです。

　PCR陽性者数中での死亡率を年齢層別に見てみますと、20歳未満0％、20代0・1％、30代0・1％、40代0・5％、50代1・8％、60代5・5％、70代17％、80代30・2％、90歳以上34・7％です。

　このように**60歳未満、特に50歳未満の陽性者中の死亡率はきわめて低く、働き盛りの50歳未満の層に副反応のリスクがあるワクチン接種はどんな意味があるのかと疑問が出る一方で、ワクチン接種による死亡が疑われる人数はすでに全国で1000人以上にものぼっています。**現在進んでいる職域接種の有効性はきわめて低く、リスクばかりが巨大なのです。

　さらには、東京都ではPCR陽性者における死亡者の51・7％が院内感染であることが確認されており、外出先での感染ではありません。そうなると緊急事態宣言そのものの意味も怪しくなってきます。

　もちろん、**重症者数も死亡者数もゼロの20歳未満に学校で強制的に接種せよという論理は私にはテロレベルに聞こえる**というのが正直な感想です。

　文部科学省が学校でのワクチン接種はしないようにとの通達を出し、日本はテロ国家ではなかったと胸をなでおろしましたが、有名な政治家の中にはいまだに強く主張している人がいるのも事実です。

彼らの論理は無自覚感染した子どもたちが老人に感染させるからという論理のようですが、高齢者接種が終わった現在、まったくナンセンスです。

また、2021年9月現在90％を超えるデルタ株はワクチン接種者・非接種者が等しく感染するとアメリカの保健トップのファウチ博士自身が主張していますので、ワクチンは自分自身のために打つもので、他者に感染させたいために打つものではありません。

ワクチン接種数を増やすことが目的的（**テレオロジカル**）**行為となってしまっています。**

そもそも、コロナウィルスは自身がコードするスパイクタンパク質を用いて細胞の受容体ACE－2に結合し、感染します。しかし、子どもたちは、ACE－2受容体が未発達ですから、感染そのものが難しいとされています。

当然ワクチンもACE－2を利用するので効き目が劣るはずです。ですから子どもたちへのワクチン接種は、あらゆる副反応リスクのある添加物だけを未来のある世代に投与する結果にしかならないリスクがあります。

また、デジタル庁が開発を進めるワクチンパスポートも接種済の者が他者に感染させられるリスクがある以上、逆効果で感染を広めるリスクもあります。

実際、最近の出来事では、２０２１年9月20日から22日までに、伊勢崎市の病院で10代から80代の入院患者17人と職員８人の併せて25人の新型コロナウイルスのクラスター感染が確認され、このうち24人は、ワクチンを２回接種し２週間が経過してから感染が確認されるブレイクスルー感染で、１人は１回接種していました。つまり、感染者が全員ワクチン接種者でした。

こんな風潮を一刻も早く終わらせるには、私たちがいち早く冷静さと論理的思考を取り戻すほかに方法はありません。そのためにも怒りや恐怖に振り回されず、たとえ落ち込んでもレジリエンスできる「脳と心の使い方」を会得することが大切なのです。

コロナウィルスによって世界は大きく変わってしまいました。

そして、これからもっと変わっていくでしょう。そんな中で私たちはいままで以上になにが正しいのかの判断を自分で行っていかなければなりません。

コロナ禍のいま、本書が少しでも役に立つことを願ってやみません。

初版の出版は２０１２年ですので、例が少し古いと感じられるかもしれませんが、本質は変わりませんので、本文はあえてオリジナルのままとしました。

２０２１年秋　　苫米地英人

はじめに

このところ、悲しいことや辛《つら》いことばかり思い出すという人が、ずいぶん増えているようです。理由はそれぞれ異なりますが、社会の停滞感がきわまっていることが大きな背景ではないかと思います。あまりにもひどい体験をしたからと、「悲しい」「辛い」と思い悩むに任せているのでしょう。

しかし、過去のイヤな体験の記憶に囚《とら》われることがよくないことは、いうまでもないことです。くよくよ思い悩んでいれば、活力は削《そ》がれるし、仕事や生活のリズムも崩れます。精神状態だって、不安定になることでしょう。

悲しい体験や辛い体験の記憶は、誰にでもあります。

簡単に整理がつく類《たぐい》のものであればいいのですが、トラウマを抱えるほど強烈な体験の記憶を持つ人も決して少ないとはいえません。それは、悲しい、辛い、許せないなどの、きわめて強い情動を呼び起こします。人が変わったようだといわれるのは、たいていはこうした記憶が甦《よみがえ》ったときです。

もっとも、とても強烈なイヤな体験をして、それがトラウマになってしまう人と、わりとあっさりその体験を乗り越えてしまう人と、人間には2タイプがいることも事実です。前者は、悲しい記憶や辛い記憶に囚われた人生を、後者は以前と変わらぬ健《すこ》やかな人生を送ります。

誰もが後者のように生きたいと願い、そう努力しているはずですが、にもかかわらずイヤな記憶に囚われる人が出てきてしまいます。その違いは、どこにあるのでしょうか。

じつは、両者を分けているのは脳の使い方です。

脳の使い方という言葉は、この場合、あまりピンとこないかもしれません。物事を考えたり、重要な情報を記憶したりするための脳の使い方は知っていても、イヤな記憶を〝忘れる〟ための脳の使い方があるということを理解している人はほとんどいないでしょう。教わったことも、やってみたこともなければ、ピンとこなくて当然なのです。

たいていの人は、自ら覚えようと努力したこと以外の記憶は、勝手に脳に刻まれてしまうものだと考えています。もちろん、見たこと、体験したことを脳が勝手に記憶するというのは、そのとおりです。

とはいえ、問題は、脳が勝手に記憶するということではありません。

むしろ問題は、**脳がどのようにしてそれを思い出しているのか**、ということです。

脳が記憶を思い出すメカニズムは、私の専門である機能脳科学によって、かなり解明されています。そのメカニズムを利用して、記憶が表に出てこないようにする方法も実際に専門家が利用して成果を上げています。

とすれば、機能脳科学が明らかにした方法を学ぶことによって、悲しい体験や辛い体験の記憶も〝忘れる〟ことができるようになります。もちろん、イヤな体験の強烈な記憶ですから、一瞬でただちに忘れることはできません。

しかし、**長期記憶化し、トラウマになることを防ぐ方法を本書で学べば、どんなにイヤな記憶でも1カ月か2カ月くらいの間には徐々に消えていくはずです。**

あなたはこの本を読むことで、自分の記憶をコントロールするための脳の使い方を学ぶことができます。過去に起きた悲しい体験、辛い体験から自分を解放し、人生を健やかに前進させるために、私の方法があなたにおおいに役立つことを願ってやみません。

苫米地英人

『「イヤな気持ち」を消す技術 ポケット版』もくじ

序章

満たされない心、傷ついた心とは何か。

第1章 なぜイヤな記憶ばかりが甦るのか。

第2章

記憶とは何か。それとどうつき合っていくか。

第3章

その「自我」があなたを不幸にする。

第4章 悲惨な体験をトラウマにしない。

第5章 うつ病は一瞬で治る。

第6章

イヤな気持ちから自分を解放するために。

序章

満たされない心、傷ついた心とは何か。

本来、
マイナスの出来事の記憶は、
人間から生きる力を
奪うものではない

*Even the strong negative event memory
cannot take away your power to live.*

独りよがりの〝信念〟が強い怒りを生み出す

およそ人間が抱《いだ》く苦しみは、自らの欲望が思うようにならないことから始まります。

たとえば、誰かがあなたをバカにした言葉をかけてきたとしましょう。

その相手がどうでもいい人間なら、あなたは気にもとめないに違いありません。

しかしそれが、これまで目をかけてきた部下だったとしたら、どうでしょうか。


あなたは彼に信頼されていると思ってきたし、彼はあなたをサポートする忠実な部下であったはずでした。その相手が、なぜかあなたのことを否定し、バカにする言葉を投げかけてくるわけです。

部下の豹変を目《ま》の当たりにして、あなたは気分をひどく害するでしょう。

そんなことが度重なれば、心穏やかではいられなくなるに違いありません。

そして、「生意気な」とか「何様のつもりなんだ」と、相手に敵意を持ち始めるでしょう。

もしも、そんな人間関係が権力闘争にまで発展したとすれば、「あんなに目をかけてやったのに、あいつは俺を裏切った」と、心は煮えくり返り、深く傷つくはずです。その揚げ句に、「あいつのことは決して許さない」、そんな思いに囚われるのではないでしょうか。立場が逆の場合でも、同じことが起こりえます。

あなたはこれまで懸命に上司の期待に応えるよう仕事に取り組み、業績を上げてきました。上司のマネジメントする部署が好成績を上げているのも、自分が大いに貢献しているためだと考えています。それなのに、上司はここぞというときに自分を評価せず、昇進のチャンスを与えず、傍流《ぼうりゅう》に異動させられてしまいました。

こんなときには、「尽くしてきたのに切り捨てられた、許せない」、そういう思いに囚われるに違いありません。

相手のことを許せないと思うのは、いずれのケースも「自分は相手にこれだけのことをやってきたのだから、自分の思いどおりになって当然だ」と考えているからです。

とくに目をかけてきた部下ならば自分に忠実であるべきだし、相手が尽くしてきた上司ならば自分を高く評価して昇進させるべきだと思い込んでいるはずです。

あなたの頭の中には、それが正しいことであり、そうあらねばならないという〝信念〟があるわけです。その信念を相手に否定されることによって、「決して許せない」という強い怒りの感情がわくわけです。

そうした考えの根っ子には、必ず「自分はつねに正しい」という認識があるはずです。

逆に「自分が間違っているかもしれない」「相手のほうが正しいかもしれない」という考えはほとんどありません。

しかし、冷静に考えてみてください。

相手が必ず自分の思いに応えなくてはならないという法律が、いったいこの世界のどこにあるでしょうか。

また、常に自分のほうが正しいという評価は、いったい誰が下してくれるのでしょうか。

あなたが考えている〝思い〟はただの「考え違い」かもしれない

部下に裏切られた上司、あるいは上司に切り捨てられた部下というあなたの立場は、ちょっと考えを巡らせば、簡単に立場を逆転させることができます。

あなたは自分を部下に裏切られた上司とばかり思い込んでいるかもしれませんが、本当はあなたが部下を裏切っている上司かもしれません。

また、あなたは自分を上司に切り捨てられた部下とばかり思い込んでいるかもしれませんが、本当は上司を切り捨てている部下かもしれません。

それは、どういう範囲の人間関係で自分を捉《とら》えるかによって変わってくるし、その人間関係を誰の視点で評価するかによっても大きく変化することです。

あなたが考えている〝思い〟が、他者から見てとんでもない考え違いであることは、往々にしてあるわけです。

なぜ考え違いをするのか。

それは「自分は正しいのだから、自分が思っているようにならなければいけない」と考えているからです。先にふれたように、それは**あなたの〝信念〟であり、自我そのもの**です。自分にとって、その自我が維持される状態が最も快適ですから、人間はその状態を維持しようとして考え違いが考え違いであることに、なかなか気づくことができません。

このことは、悲しい体験や恐ろしい体験をした人にも当てはまるでしょう。

「なぜ私だけがこんな目に遭わなくてはいけないのか」と、自らの不運を深く嘆き、それがトラウマになるくらいの体験なら、その思いに囚われて深く悩んだとしても不思議はありません。

しかし、「不幸な体験をした人が隣の人と同じようにふつうに生きてきただけなのに」と考えたとしても、それは「不幸な目に遭うのはおかしい」ということにはならないはずです。

なぜならば、災害に見舞われたり、犯罪に巻き込まれたり、そのリスクの発生は確率の問題だからです。

過去に自分が正しく生きてきたか悪事を働いてきたかは、まったくの無関係なのです。

厳しい言い方かもしれませんが、「ふつうに生きてきたのに、なぜこんな目に」と考えること自体、実はナンセンスです。

にもかかわらず、人間は「なぜ、それが私なのか」と嘆きます。

嘆くだけならいいのですが、悪い場合は、その後の人生を狂わせてしまいます。

つまるところ、**「正しく生きてきた私がそんな目に遭うわけない」、その信念が、あなたが自らの力で立ち上がる邪魔をしています。**

人間の脳はマイナスの出来事こそ記憶する

人間は誰でも、イヤな出来事、悲しい出来事、恐ろしい出来事の記憶をたくさん持っています。後に詳しく説明しますが、**人間の脳はマイナスの出来事を記憶していくようにつくられているからです。**

本来、マイナスの出来事の記憶は、生きていくことに役立ちこそすれ、人間から生きる力を奪うものではありません。実際、私たちはたくさんのイヤな記憶を持ちながらも、ふだんはそれをすっかり忘れ、元気に生きています。

よほど性格の歪《ゆが》んだ人でなければ、社会に対して役割を果たそうと前向きに仕事に取り組み、あるいは家族の健康を気遣い、日々明るい生活をしようと、努力を傾けているはずです。

ところが、近年は、悩みが膨らむばかりだとか、イヤな出来事やその記憶に囚われて仕事がはかどらないという人も、いささか目立つようになりました。

とくに東日本大震災と福島の原発事故が起こって以降は、その傾向が顕著になったように思います。こうした出来事がマイナスの情動を呼び起こし、夜よく眠れなくなるとか、集中力がなくなるとか、心身に不調をきたす人もいるようです。

東日本大震災が発生して間もないころ、私は「クライシスサイコロジー」のクラスを開きました。**クライシスサイコロジーとは、簡単に言えば、大災害や大規模テロなどが起こったさいに、人々をその恐怖体験から解放し、それをトラウマにしないための心理学のことです。**このクラスには日本中から精神科医や臨床心理士が集まりました。

今、彼らは自分たちの本拠地で患者さんにそれを実践しています。

クライシスサイコロジーについてもう少し説明すると、イヤな出来事、悲しい出来事、恐ろしい出来事の記憶に囚われない、あるいはその記憶から解放されるために、人間が恐怖体験とどのようにつき合うかというものです。

要するに、脳の記憶のメカニズムを知ってそれをうまく処理し、イヤな記憶が呼び覚ますマイナスの情動に自分が支配されないようにするわけです。

誤解を恐れずに言えば、それは〝忘れる〟ということです。

私たちの自我は、過去の記憶によって成り立っています。

その過去の記憶によって自分の中に間違った〝信念〟が出来上がれば、自我は小さく歪《いびつ》なものになり、それが自分を苦しめることになります。

逆に、イヤな出来事、悲しい出来事、恐ろしい出来事の記憶を〝忘れる〟、あるいは「大変だったけど、いい体験をした」とプラスに評価できるようになれば、自我は大きく円満なものになり、それはあなたに前向きで囚われない思考をもたらします。

後者の方法をとることができれば、どんな出来事の記憶であっても、あなたにマイナスの情動を呼び覚ますことはありません。

逆に、それはあなたがよりよく生きるためのプラスの力になってくれるはずです。

では、具体的にどうすればいいのか。
その方法を解き明かすのが、この本の目的です。

「心」は鍛えられるものではない

本題に入る前に読者のみなさんにお伝えしておくべきことがあるとすれば、よりよく生きるために必要なことは「心を強くする」とか「心を鍛える」ことではない、という点です。

私たちはよく、「心を強く持ちなさい」という言葉を耳にします。

心を強く持つことは大切なことですが、それはどんな状態を指すのか、私たちは必ずしも共通の理解を持っているわけではありません。

そのため、「折れない心」とか「心を鍛える」というように、心がまるで鍛えることのできるもののように錯覚しています。

しかし、**心はそもそも、鍛えたり強くしたりできるものではありません。**

実際、心というものは存在していません。

私たちが便宜的《べんぎてき》に「心」といっているものは、脳の情報処理の状態のことであり、科学的には現象というべきものです。現象であるものを、テクニックで強くしたり鍛えたりすることができないことは、はっきりしています。

まして対人交渉術や折衝術、あるいは物事の解釈術でどうにかなるものでもないのです。

私はこの本で、巷《ちまた》に溢《あふ》れるこの手の書物にあるような、その場かぎりのテクニックをお伝えするつもりはありません。脳の仕組みとその特性を利用して、何をどうすれば逃れたい記憶を〝忘れる〟ことができるか、その本質的な方法を紹介していきます。

過去の凄惨《せいさん》な体験からトラウマに苦しんでいる人には、この本の内容は反発を受ける部分があるかもしれません。そういう人に対しては、私はその反発を乗り越えて、ぜひこの本を再読、三読していただきたいと思います。

そうやって内容を腹に落としていただければ、この本は、そういう人に対してこそ、なおさら役立つことがわかっていただけるものと確信しています。

この本の方法を身につけることによって、たくさんの読者のみなさんが、過去の記憶へのこだわりを捨て、大きく円満な自我を持ち、未来に向かって健やかに前進していくことができるようになるでしょう。

人間は、本来そうでなくてはなりません。それが、人間が自らの可能性を最大限に追求し、生きて楽しかったという幸福を手に入れる唯一の方法です。

そのためにも、あなたが過去の辛い体験の記憶へのこだわりをいともあっさり〝忘れる〟日がくることを、私は願ってやみません。

第1章

なぜイヤな記憶ばかりが甦るのか。

イヤな出来事を記憶するのは、
生物が生きながらえるための
大切な能力のひとつだ

Remembering "unwanted event"
is a human survival instinct.

同じ失敗をしないために「記憶」はある

かつての辛い出来事や悲しい出来事の記憶を持たない人は、よほど稀有《けう》な存在といわなくてはなりません。

そもそも人間は、イヤな出来事をよく記憶するようにつくられています。

とくに強烈な怒りや悲しみなどの情動をともなう体験をした場合、人間の脳はことさら強くそれを記憶にとどめようとします。

その理由は、次に同じようなことが起こりそうなときに、それを避けなければならないからです。

なぜ避けなければいけないのか。

そこに生命のリスクがあると感じるからです。

イヤな出来事を記憶することがなければ、私たちはせっかくそれを体験しておきながら次もその次も同じ轍《てつ》を踏むことになり、生命のリスクにさらされつづけてしまいます。文字通り「死んでしまう」ことはないにしても、厳しい生存競争に勝ち残ることはできなくなるでしょう。だから、私たちの脳は、イヤな出来事をよく記憶するわけです。

脳のそうした記憶のメカニズムは、生物が種を保存し生きながらえていくために獲得した、非常に大切な能力のひとつです。

ところが、自ら獲得したその能力によって、人間はかえって大きな苦悩を抱え込むケースが少なくありません。

辛い記憶や悲しい記憶は人を過去の出来事に縛りつけます。そして、抱える苦悩があまりにも重くなれば、それは人が未来へと前進する力を奪っていくでしょう。

辛い記憶、悲しい記憶に強烈に囚われてしまうと、過去ばかりをふり返り、過去の出来事と闘おうとする人が生まれます。

本来、私たちが目を向けるべきは未来のことのみのはずです。

また、もはや存在しない過去と戦って、それに打ち克《か》つこともできません。

にもかかわらず、過去に拘泥《こうでい》するあまり、活力を奪われ、トラウマを抱え、精神的に病んでしまうということが、人間には起こります。

とりわけ現代人は、過剰な欲望を抱くように仕掛けられていますから、イヤな出来事の記憶に囚われる傾向はますます強まっているように思います。

記憶の中の痛みを取り除くための努力は無駄

ところで、イヤな出来事の記憶という言い方をすると、読者のみなさんは、自分の中にあるイヤな記憶そのものに問題があるのではないかと考えるかもしれません。

「**イヤな記憶の元になった悲惨な体験が問題だ**」

とくにトラウマを抱えて悩んでいる人は、過去の体験そのものを問題にしていることでしょう。

かつてアダルトチルドレン問題にスポットライトが当てられた時代、ケースワーカーや心理療法家は、精神的な問題を抱えるアダルトチルドレンのメンタルケアとして、彼らが過去に受けた虐待などの体験を直接取り扱おうとしました。

そのとき、同じような境遇に育ち、同じような問題を抱えた人たちが集まって、自分の体験をみんなに話して聞かせるというグループセッションが定期的に開かれました。

内に秘めた体験をオープンにすることで、そのときの出来事を追体験しながら押し殺していた感情を表に出し、記憶の中のわだかまりを解こうと試みたわけです。
こうした試みには、たしかに一定の成果が表れました。

イヤな記憶を言語化して再現することによって、グループセッションの参加者はしばらくの間、気持ちの負担を軽減することに成功しました。
とはいえ、過去のイヤな体験を話すことの効果は、限定的なものといわなくてはなりません。気持ちがいったん軽くなるものの、時間がたつうちに、ほとんどの人がふたたび過去の出来事への強いわだかまりを取り戻してしまいます。

なぜなら、こうした単純な方法では、記憶を書き換えることも、イヤな記憶を忘れることもできないからです。

そのため、彼らは1カ月から数カ月に1度の頻度で、くり返しグループセッションに参加しなければなりません。背骨が変形して痛みがあるというのなら、対症療法的にカイロプラクティックや鍼灸《しんきゅう》の治療を受けつづけることに利点はあるでしょう。
しかしながら、記憶の中の痛みを取り除くためにこのような努力を払いつづけなければならないとしたら、時間、費用の面でも、また自らに対する自負心を低めてしまうという点でも、たいへん大きな人生の損失といわざるをえないと思います。

海馬と扁桃体がイヤな記憶を増幅させる

実は、イヤな記憶から自分を解放するために、過去のイヤな出来事の記憶に働きかける方法は、脳の仕組みから見て、決して効果が高いとはいえません。

後で詳しく説明しますが、**人間が過去のイヤな出来事に囚われるのは、記憶そのものに原因があるのではありません**。それは、記憶がどのように入れられ、どのように出されるのかという点に問題があるといえます。

とりわけ記憶の出し方は重要で、その点についてまったく間違った考えを持ったまま、する必要のない苦しみを抱えている人が多いように思います。

実際、たとえその記憶がどんなにイヤな記憶であったとしても、それそのものに人間を過去の出来事に拘泥させる力はありません。トラウマを取り除いたり、脱洗脳のために記憶を書き換えたりする処置をプロが施す場合にも、側頭葉《そくとうよう》に収められた記憶に直接働きかけることはまず行いません。

記憶を出し入れする仕組みは、側頭葉ではなく、海馬《かいば》と扁桃体《へんとうたい》と呼ばれる部分の働きによって生み出されています。どちらも大脳辺縁系というどちらかといえば古い脳に属している部分です。一般に海馬は、しばらくの間だけ覚えておけばいい情報を一時的にためておく場所として知られています。

つまり、短期記憶の貯蔵庫です。

それは重要に違いありませんが、海馬にはもうひとつより重要な機能があります。側頭葉に出来事を投げ込んで長期記憶させたり、側頭葉から長期記憶を引っぱり出したりするゲートの役割をしている点です。

一方、扁桃体は、海馬に働きかけ、それが出し入れする記憶を増幅させたり弱めたりする機能を持っています。**扁桃体が海馬に「強く思い出せ!」と命じると、人間は過去の出来事を強烈に思い出すわけです。**

海馬と扁桃体の関係は、いわばダムの放水ゲートの現場操作担当者と、コントロールセンターの放水量管理者のようなものです。管理者が「思いっきり放水しろ!」と命じれば、現場担当者は「わかりました!」とバルブを全開にするし、「ふだんより少なくしろ」と

脳の仕組みと記憶の仕組み

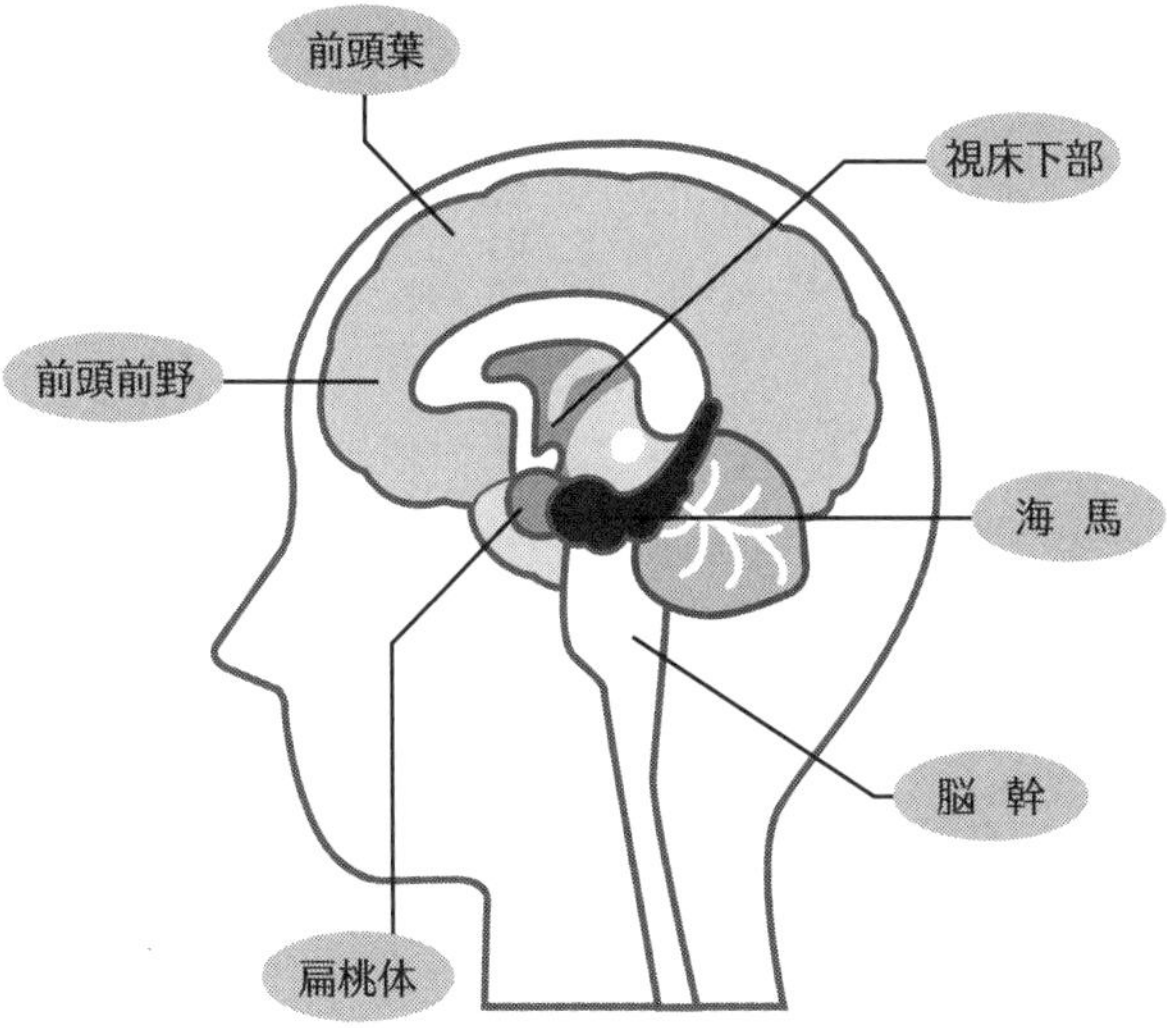

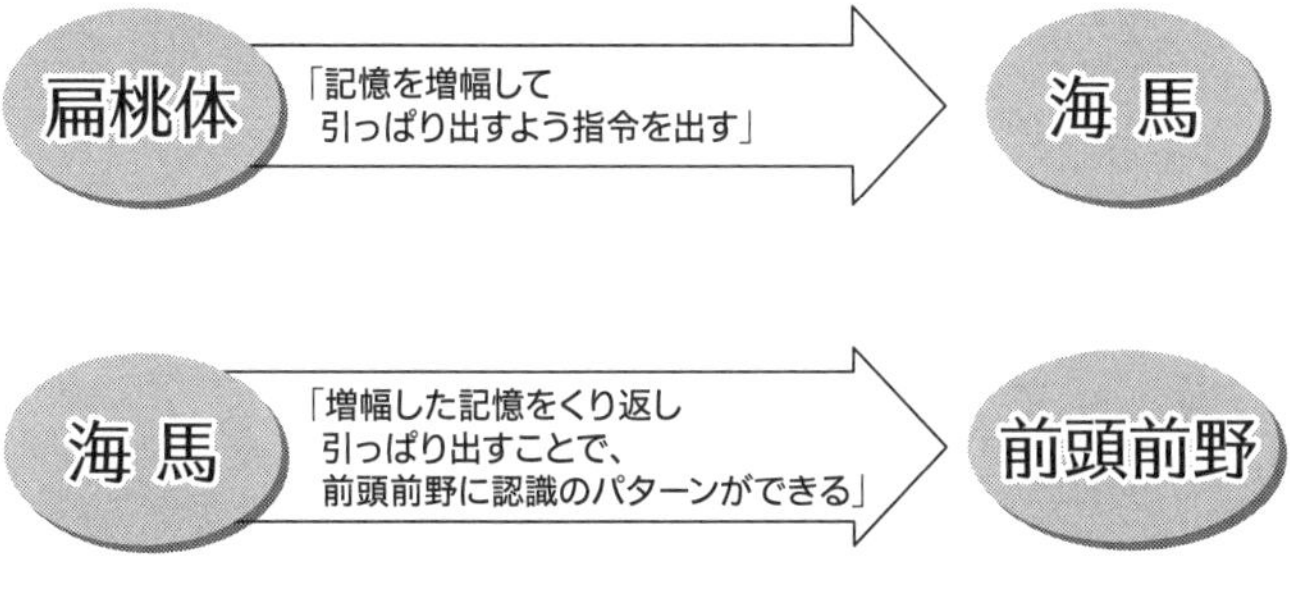

命じれば、現場担当者はほとんどバルブを開きません。

もちろん、扁桃体に命じられて海馬が記憶を思いっきり増幅して引っぱり出すだけなら、おそらく特別に大きな問題は起こらないでしょう。イヤな記憶が思いっきり増幅して引っぱり出されたとしても、単に記憶が甦って一時的にヒヤリとするだけのことです。


これから順を追ってくわしく説明していきますが、**私たちがイヤな記憶に囚われるのは、海馬と扁桃体が増幅の連係プレーをくり返す結果、そのイヤな記憶が前頭前野に認識のパターンをつくるからです。**また、イヤな記憶というのは我々が「エピソード記憶」と呼ぶ一連の出来事の記憶であり、前帯状皮質、尾状核といった部位も連係プレーに参加します。

前頭前野は、人間の脳の中で最も新しく進化した脳で、知性を司《つかさど》っています。

辛い記憶、悲しい記憶の認識のパターンが前頭前野につくられることで、「どうしても許せない」とか「思い出すだけで身ぶるいする」など、嫌な出来事に囚われる心の状態が生み出されるわけです。

くり返し自らを襲うイヤな記憶、それがもたらす自縄自縛、捨て鉢で邪悪な考え。

それは、側頭葉に収められたイヤな記憶ではなく、海馬と扁桃体、そして前頭前野につくられた認識のパターンによって生み出されているということです。

海馬はすでに知っていることは記憶しない

さて、まずは海馬の働きについて学んでいきましょう。

海馬というのは興味深い存在です。すでに述べたように、海馬は情報を側頭葉に投げ込み記憶させるゲートの役割を果たしています。

正確には、前頭前野、前帯状皮質、尾状核といった部位と海馬の連係プレーがこのような役割を果たすのですが、ここでは分かりやすく、「海馬」という言い方をします。

もちろん、すべての情報がゲートを抜けて記憶されるというわけではなく、海馬はある基準をもって情報を選別し、側頭葉に記憶させるか、させないかを判断しています。

人間が出来事をどこまで記憶しているかというのは、興味の尽きない問題です。

これは、この先長い将来にわたって解くことのできない難問に違いありません。

被験者に退行催眠を使うと、古くて細かい出来事の記憶をかなりの部分、引っぱり出すことができます。

誘導にかかっているという面もなくはありませんが、被験者本人がすっかり忘れていることを、ファクトベースで事細かなディテールまで詳細に語らせることができるわけです。その過程では、本人しか知りえない、いわゆる〝真実の暴露〟が出てきますから、その場に立ち会った第三者はみな、「たしかに被験者はそれを覚えている」と確信することになります。

とはいえ、生まれてから現在までのすべての出来事を憶えているかといえば、それは何とも言えません。

脳というのは、その意味でかなりバカな存在といわなければならず、「知っている」と判断したものを記憶しようとはしないのです。

2012年に亡くなった、私のパートナーでコーチングの元祖、故ルー・タイスが講演でよく行っていた実験に象徴される話は往々にしてあります。

ルー・タイスの実験というのは、講演会の聴衆に「**自分がいましている腕時計の文字盤を、紙に描いてみてください**」と絵を描かせるものです。

筆記具を渡された聴衆は、自分の腕時計を見ないようにして、画用紙に文字盤を再現しようとします。簡単なことのように思えますが、それを難なくできる人はまずいません。正確に再現できないというのならともかく、たとえばカレンダーの窓があるのに、文字盤に存在しない「3」という数字を描いてしまいます。またローマ数字の文字盤なのに、アラビア数字を描いてしまうケースもあります。もちろん、長針や短針のデザインが凝っていれば、それを正確に再現できる人は皆無です。

「今何時だろう？」と、毎日何度も目を落としている腕時計なのに、その文字盤にどんな意匠が凝らされ、どのような数字が並んでいるか、ほとんどの人はまるで覚えていないのです。

なぜなら、海馬がその情報を側頭葉に投げ込んでいないからです。

海馬は、腕時計のことはすでに知っていると判断し、それがどのような文字盤をしたどんな形のものという情報を記憶に入れなかったのです。そのため、慣れ親しんだ、お気に入りの腕時計であるにもかかわらず、ほとんどの人は文字盤についての情報を記憶していないわけです。

もうひとつ例を挙げましょう。

あなたは、朝の通勤時に、一歩一歩足の裏で捉えた駅までの道の感触を記憶しませんよね。

そんなことを記憶しておかなければならないとしたら、歩くことはひどく面倒なことになり、日常生活を送る上でとても不都合です。

当然、**海馬はこのような情報を「すでに知っている」とブロックします。**

ところが、駅までの道の途中で水道管が水漏れを起こしており、危うく足を滑らせてしまいそうになったときは、海馬は違った反応を起こします。

ヒヤリとしたその場で「ここは危ない」と意識しなかったとしても、帰り道でその場所までやってくると、「ああ、そうだ、気をつけよう」と、私たちは自分が滑りそうになった今朝の出来事を思い出します。

あなた自身が「覚えておこう」と意識しなくても、海馬はその情報を側頭葉に投げ込んでいて、ちゃんと覚えているわけです。

このように、ある情報を記憶しようとし、ある情報を記憶しようとしないスクリーニングが、海馬が果たす記憶のゲートの役割です。

このときの海馬の取捨選択の基準は、すでに知っているものを記憶しようとしない、逆に、知らないものを記憶しようとする、ということです。

もちろん、そのさいに脳のそのほかの部分が参加して、重要なものを覚える、重要でないものは覚えない、そうした取捨選択も行われています。

失敗の記憶によって人は成長する

では、**海馬が重要と判断し、ゲートを通して側頭葉に投げ込まれる情報とは、どのようなものでしょうか。**

一言でいえば、それは「失敗」です。

ここでいう失敗とは、その人の生命を左右する情報のことです。

それを記憶することがなければ、次に同じ状況がやってきたときに、危険を避けることができません。

その記憶があるからこそ、人類は命をながらえ、生き残り、進化を遂げてきました。

実際、現代を生きる私たちにとっても、失敗ほど重要なものはありません。

たとえば、子育てを経験した人はお分かりだと思いますが、昇りたがっている台の上に初めて赤ん坊をのせてやると、得意満面もつかの間、赤ん坊は必ず落っこちます。

転倒してワーワーと泣き叫ぶわけですが、面白いもので、赤ん坊は次から決して落ちなくなります。赤ん坊が、高いところから落ちなくなるには、1回必ず落っこちる必要があるわけです。

子どもが熱いものを触って「ギャー！」と叫ぶときの経験も同じで、子どもはそれをするからこそ、次から触らなくなったり、工夫して触るようになったりします。

赤ん坊を例に引くと他愛ないことのように受けとめられるかもしれませんが、私たち大人が毎日、記憶の中に投げ込んでいる情報も、基本的には台に昇る赤ん坊の場合と同じようなものばかりです。

たとえば、「製品の納入は納品日のお昼までに必ず、すませておけよ」と、営業マンが部下にアドバイスしたとします。なぜアドバイスしたかといえば、おそらくそう教えられたからでしょう。

なぜそう教えられたかといえば、ぎりぎりの時刻に納品したせいで取引先にこっぴどく叱られた記憶が会社組織の中に埋め込まれているからでしょう。

取引先が怒ったという情報は、会社組織にとって、まさに生命の危険を示す情報といわなくてはなりません。取引先を失えば会社は利益を失い、それが重なるようだと経営が左前になって倒産してしまいます。

赤ん坊が台から落ちた経験を記憶することと、何ひとつ変わりありません。

私たちの仕事や生活は、すべてこの手の失敗の記憶によってうまく回るよう保たれています。

私たちが行うこうした記憶の蓄え方を**失敗駆動型**といいます。

海馬は失敗駆動型でゲートを開き、失敗の情報をせっせと側頭葉に投げ込んでいきます。

それは、失敗の記憶を持つがゆえに人間は生命の危機を避けることができるからであり、海馬は長い間、種の保存に必要な仕事を忠実に実行してきたといえます。

予期せぬ出来事を記憶するメカニズム

さて、失敗について、もう少し深く考えてみましょう。

「痛い！」とか「熱い！」という経験は、物理的な生命の危機を示す情報です。

取引先に怒られるというのは、利益減少や倒産といった抽象度の高いリスクに結びつくとはいえ、担当者に怒鳴られるのは物理的な痛みに類するでしょう。

ところが、**海馬が側頭葉に情報を投げ込むゲートは、物理的な痛みだけでなく情報的な痛みによっても開きます。**

たとえば、『英語は逆から学べ』（フォレスト出版刊）という著書で私が紹介した英語学習法は、脳が情報的な痛みによって情報を学習する働きがあることを利用したものです。

私はその中で、先に書かれている単語や意味内容を予測しながら、英文を読む方法について述べました。もちろん、予測をピシャリと当てることが目的ではありません。

むしろ、予測が外れることによって、脳内ネットワークを働かせることのほうに狙いがあります。

つまり、予測に失敗すれば、脳内ネットワークは新しいことだからそれを学習しようとします。

逆に、予測に成功すれば、それはすでに知っていることだから学習しません。

すると、自分が学習するべき情報が明確になり、脳内ネットワークに、それが学習されるようにチューニングされるのです。こういうメカニズムで、英語の上達に加速度がついていくわけです。

予期に対する失敗が、英語を覚えることにつながるわけですから、英語上達も失敗駆動型なのです。

人間は進化した結果、予期に対してその反対が起こったという情報的な痛みが生じたときも、脳はそれを「重要だ」と判断し、その情報を側頭葉などに投げ込みます。

なぜ重要と判断するかといえば、やはり生命の危機につながる情報だからです。


たとえば、株式投資で大損害を被った経験を持つ人には、「もう二度と株には手を出しません」と固く戒めている人がけっこういます。

株式投資は、株価が上昇するのか下落するのか、いわば2つに1つの賭けです。

グローバルな経済の枠組みを理解していない人には、この2つに1つの賭けに勝つのはけっこう大変なことです。

それは、どの程度に難しいことか。戦後から1990年のバブル崩壊に至るまで、一貫して日本の株価が上昇していた間においても、個人投資家の7割近くが損をしていたといわれることからも理解できるでしょう。

なぜ、バブル崩壊までの上昇相場で損をするのかといえば、買ったときよりも株価が下がった場合、誰もそれが再び上昇するとは確信を持てないからです。

株価が上がるときはゆっくりと上昇し、下がるときは短期間のうちに大きく下落するというのが相場の特徴ですから、下落したときに「しまった！」と投げ売れば、大損するのも当たり前です。

現代の社会において、お金というのは銀行の通帳や証券口座に並んでいる数字にすぎず、きわめて抽象的かつ情報的な情報です。

にもかかわらず、なけなしの大金を株式投資で失った人は、それこそ生命の危機を感じます。投資資金がパアになったからといって必ずしも生活ができなくなるわけではないものの、資本主義の下では、誰もが「お金を失うことは自分の命を削られることだ」と考えます。

それを失うことは、ものすごく大きな恐怖なのです。

その恐怖を一度味わうと、脳はそれを生命の危機につながる失敗として、そのパターンを側頭葉などに投げ込みます。状況に応じて株式投資に挑戦すれば大儲けすることもできるはずなのに、「金輪際《こんりんざい》、株には手を出さない」ということになってしまいます。

このことが示すのは、**人間が物理的な痛みだけでなく、情報的な痛みに対しても生命の危機を感じるという点**です。もちろん、これは、人間が獲得した抽象的な思考の産物であり、非常に重要な能力といえます。

この場合の情報的な痛みとは、予期に対する失敗です。現代の人間がとる選択と行動は、すべて予測に基づいています。それは、仕入れたものを、いくらでどのくらいの量を売れば儲けが最大になるかといったビジネス上のソロバンだけでなく、部下をどのように指導すれば強い組織ができるかとか、この場でどのように振る舞えば相手から尊敬されるかなど、人間関係や社会関係のあらゆるシーンに及びます。

その**予測が裏切られ、反対のことが起こると、私たちはその出来事を強く記憶します。**次に同じような状況に立たされたときに、失敗しないようにするためです。

21世紀の今日まで進化した人間にとって、失敗とは予期に対する反対である、ということにほかなりません。

大脳辺縁系もまた、こうした判断に基づいて、側頭葉に投げ込む情報のスクリーニングをするように進化しました。実は、このことが、ときとして人間が辛い記憶、悲しい記憶に拘泥し囚われることと密接に関係しています。

ブリーフシステムで未来を予測する

さて、なぜ人間はイヤな記憶、辛い記憶に悩まされるのか、そのカラクリを解き明かしていきましょう。

大きなポイントは2つあります。

1つは、**人間が持つ信念の問題**。もうひとつは、**大脳辺縁系の海馬と扁桃体のやりとりによって、失敗の記憶が増幅されるという問題**です。

まず、信念とは何か、その正体について考えていきましょう。

信念というと、たとえば「人間を差別してはいけない」とか「核のない世界を実現したい」とか、人間や社会に対してこうあるべきだと個々人が信じるところを表す言葉と考えられています。

義務教育で子どもたちが信念について教わるのは、道徳の授業においてです。

たいていは、歴史上の人物が取り上げられ、彼らが偉業を成し遂げたプロセスをあれこれ考えることによって、信念の在り方を学んでいきます。それは、自己犠牲を厭《いと》わない忠誠心だったり、決して諦めることのない強い意志だったり、汲《く》めども尽きぬ人間愛だったりするわけです。

そのせいだと思いますが、大人になった私たちは、道徳の授業で習った以外の自己中心的な考えについて、それも人間の信念だとは考えません。

「お金さえ儲かればいい」という強い思いにつき従って行動している人は少なくありませんが、私たちの多くは、それがその人たちにとっての信念であるということに、なかなか気づかないわけです。

実は、個々人が強く信じて疑わない固定的な考えは、すべてその人の信念です。

「他人は信用できない」とか「社会的な弱者は差別されて当然だ」とか、個人はそれぞれ、さまざまな信念を抱えています。

人間愛や社会正義がプラスの信念だとすれば、憎悪や差別のマイナスの信念も当然のことながら存在しているわけです。

私が教えているＴＰＩＥ（タイス・プリンシパル・イン・エクセレンス＝故ルー・タイスと一緒に日本で展開するコーチングプログラム）のコーチング用語では、プラス、マイナスを問わず、個々人が強く信じて疑わない固定的な考えのことを**ブリーフシステム**と呼んでいます。

ブリーフシステムとは、たとえば私はどういう人間なのか、相手といるときはどう振る舞うか、社会に対して自分はどう働きかけるのかなど、その人が身につけている認識のパターンのことです。この認識のパターンは、脳の前頭前野に蓄積されています。

人は、そのブリーフシステムによって、未来のことを予期したり、予想したりしています。そして、その予期や予想にしたがって、人はあらゆる選択と行動を行っています。

読者の中には、「私はいちいちそんなことを考えないし、自然に振る舞っているだけだ」という人がいるかもしれません。

しかし、本当にそうでしょうか。

たとえば、私は上品な人間なのだからレストランではこう振る舞うと予期している人は、そう意識せずとも、ブリーフシステムがそのとおりに振る舞わせてくれます。逆に、私はそういう気取った人間ではないと思っている人は、そう意識せずとも、その人のブリーフシステムが自然に気さくな振る舞いをするように仕向けるわけです。

そして、予想に反したことが起こり、認識のパターンがずれたときに、前頭前野と大脳辺縁系の連係が「これは覚えておかなければいけない事象だ」と動きます。

その瞬間に海馬は、失敗の情報を側頭葉に投げ込むわけです。

「こんなに目をかけてきたのに、オレをバカにするのか」とか「さんざん尽くしてきたのに、オレを裏切るのか」などと、予期に反する相手の反応が強く記憶に残るのも、こうした記憶のカラクリが働くがゆえです。

感傷の記憶も失敗の記憶に分類される

このことは、私たちがなぜイヤな記憶、辛い記憶ばかり憶えているかという点について、明確な答えを与えてくれます。

つまり、私たちの記憶は過去の失敗の集まりなのです。

だから辛い体験や悲しい体験が記憶の中にたくさんつまっているのは、異常なことではなく、当たり前のことなのです。

「イヤな記憶ばかりが澱《おり》のように溜《た》まってやりきれない。なぜこんなに悩みの種ばかり増

える のか」という嘆きは世の中にあふれていますが、記憶のカラクリを繙《ひもと》けば、それは脳が当たり前のことを当たり前にやった結果、そうなっているにすぎません。

もちろん、記憶が過去の失敗の集まりであるという説明に対して、反論もあるかもしれません。

たとえば、私は成功体験の記憶をたくさん持っているとか、私には両親から深く愛された子どものころの記憶がある、とか。

しかし、成功の記憶は、脳にとってはたいしたことのない情報に過ぎません。

なぜなら、**成功を覚えていたからといって、次に起こるかもしれない生命の危機を避ける役には立たないからです。**その記憶があれば次も成功できるという理屈もありますが、成功している人にとって次も成功するのは当たり前のことであり、このときは「知っていることは覚えない」というメカニズムが働きます。

当然、海馬はその情報を、側頭葉に投げ込もうとはしないでしょう。

仮に、まったく予期に反して大成功したという経験をしたときには、脳はそれを記憶します。とはいえ、**そもそも人間が認識する成功とは、自分の予想どおりに何かを成就する**

ことです。予期に反する成功を、人間は自分が成し遂げたとは受け止めません。

脳にとっては、予期に反することが「失敗」であり、社会的に成功であっても、予期に反した成功は「失敗」と記憶されるのです。

「こうなるはずがなかったのに、大成功してしまいました！」と射幸心《しゃこうしん》がわいたとしても、その記憶は、「こんなことが次もあるはずがない。これからは、もっと慎重に計画を立ててやらなければ」という戒めに転じるのが関の山です。

もう一方の、子どものころに深く愛されたという記憶も、その実態は、深く愛された子ども時代が過ぎ去ってしまったという喪失感や、愛してくれた両親と離れ離れになってしまったという感傷の記憶である場合がほとんどです。

こうした記憶もまた、むしろ失敗の記憶に分類されるべきものでしょう。

このように、私たちの記憶は、過去の失敗によって満たされているわけです。

小さな失敗を増幅させ、脳に刻み込む

さて、記憶のカラクリの2番目、**海馬と扁桃体のやりとりの問題**に移りましょう。

これは、辛い記憶、悲しい記憶に人間が囚われるメカニズムを解く上で非常に重要なポイントです。

海馬と扁桃体は、43ページの図にあるように、大脳辺縁系の中で互いにくっつくように近接しています。このことは、両者が互いに影響し合っていることを示唆するものですが、実際、海馬と扁桃体は密接にやりとりをしています。

なかでも重要なのは、扁桃体が海馬の情報処理を増幅したり、弱めたりする点です。

つまり、記憶のゲートウェイとしての海馬が側頭葉から引っぱり出すときに、海馬にその記憶を増幅したり弱めたりさせる働きを、扁桃体が担っているのです。

なぜ、扁桃体がそのような働きを持ったかといえば、生命の危機に対して瞬時に反応するためです。

あなたが、山中でトラに出くわしたとしましょう。

間髪を入れず逃げなくては、命の保証はありません。

そういうとき、扁桃体は海馬に、過去の失敗の記憶、たとえばクマに出会って命からがら逃げた記憶を増幅して引っぱり出すよう促します。その効果によって、私たちは「ぎゃあ！」と、一目散に逃げることができます。

もし、扁桃体が海馬に記憶を増幅するよう働きかけなければ、きっと逃げ遅れてしまうでしょう。

興味深いのは、トラに出くわしたことに匹敵する失敗の記憶を、その人が持っていない場合です。

そういうときに海馬は、たとえばヘビに襲われたとか、自転車を漕《こ》いでいて転倒したとか、そうした失敗の記憶を引っぱり出して代替させます。

クマに襲われた記憶と比べると、ずいぶん小さな失敗の記憶といわなくてはなりません。

それをふつうに引っぱり出すと、危機回避の反応が遅れる恐れが強いため、扁桃体は海馬に、それを思いっきり増幅するよう促します。小さな失敗の記憶を増幅することができなければ、私たちは、危機回避に間に合いません。

扁桃体が海馬の情報処理に働きかけ、それを増幅してこそ、人間はとっさの行動をとる

ことができるのです。

登校拒否が起こるメカニズム

この扁桃体と海馬による記憶の増幅作用は、種や生命の保存に欠かせない能力です。ところが、現代では逆に、この能力が人間を苦しめる例が目立つようになりました。非常にわかりやすいのは、**登校拒否児童のケース**でしょう。

なぜ登校拒否児童が、登校を拒否するだけでなく、そのさいに深刻な身体症状や精神症状までをも現すのか。近年、そのメカニズムが解明されてきました。

それは、まず扁桃体と海馬による失敗の記憶の増幅作用によってもたらされ、次にその増幅作用と前頭前野とのかかわりによって深刻化するというものです。

そもそも、子どもが登校拒否を起こす理由のほとんどは、学校でひどいいじめに遭った辛い記憶が発端です。

本来、子どもにとって、学校は仲のいい友だちや信頼すべき教師のいる楽しい場所です。にもかかわらず、登校拒否児童は、仲良しであるはずの友だちから学校でいじめを受けるという体験をします。

その失敗の体験を、海馬は当然のことながら側頭葉に投げ込み、記憶させます。**いじめが深刻であればあるほど、子どもはその体験を強烈に思い出したり、恐ろしい夢をくり返し見たりして、それを長期記憶化していきます。要するに、これがトラウマです。**

いじめられた記憶がトラウマ化すると、少年にとって学校は忌避《きひ》すべき場所になります。もちろん、怖くて友だちにも近寄れなくなるでしょう。

そうした状態を続けていると、今度は学校の校門を見たり、お母さんと明日の授業の話をしたり、あるいは先生の名前を思い出したりするだけで、その子どもの体が急にブルブル震え、呼吸がハアハア上がって汗をかくなどの身体症状が現れます。いじめる友だちが近くにいるわけでもないし、具体的にいじめられたことを思い出すわけでもないのに、少年にそういう反応が生まれます。

このようにして、引きこもりの登校拒否児童が生まれてくるのです。

ではなぜ、校門を見ただけで、このような反応が起こるのでしょうか。

実は、扁桃体と海馬による記憶の増幅作用が、子どもにそういう反応を起こさせています。**校門はトリガーであり、それを見た瞬間に、子どもはいじめられたときのことを思い出します。しかも、そのとき扁桃体は、海馬にそれを思いっきり増幅して引っぱり出すよう促します。**

子どもは、その効果によって、実際にいじめられたときよりもはるかに強烈な辛さを追体験することになります。

すでに述べたように、扁桃体は、生命の危機につながる記憶を海馬に増幅して引っぱり出させる働きを持っています。

学校でのいじめが生命の危機といえるかどうかは、このさい問題ではありません。生物学的に見れば、仲間外れにされることは、その昔から個体の死を意味していました。生物は、細胞ひとつをとっても、進化の過程で獲得した記憶と無縁ではありません。まして脳は、生命を保存するための記憶の宝庫です。

そのため、扁桃体は、いま目の前にある小さな関連情報と子どもの記憶に書き込まれた情報とを結びつけ、「これは似通った情報だ」と判断します。

トラに出くわしたとき、その状況に類する小さな失敗の記憶を思いっきり増幅して引っぱり出すのと同じメカニズムが働きます。

そして、**それがくり返されることによって、いじめられた記憶は、実際以上に辛い記憶として側頭葉に刻まれていくことになります。**

その結果、いじめがいま起こっているわけでもなく、直接いじめにつながる情報を得たわけでもないのに、学校を連想させるものを見たり聞いたりするだけで、少年の体が震えだすという現象が起こるのです。

登校拒否は「信念」にまでなってしまう

登校拒否児童を生み出すこうした脳のメカニズムには、さらにつづきがあります。

小さな関連情報に接するだけで失敗の記憶の増幅がくり返されると、今度はそれが前頭前野に認識のパターンを生み出すのです。

たとえば、通っていた学校の校門を見るだけで震えるというのを通り越して、次はまったく別の学校に通う生徒の制服姿を見るだけで震えるというように、認識のパターンがつくられていきます。

ついには学校という概念を思い浮かべるだけで、震えがくるようになります。

前頭前野の認識のパターンは、その人の信念であり、ブリーフシステムです。

今度は、そのブリーフシステムによって登校拒否が起こるようになります。

「学校も仲間もみんな敵だ。そんな場所では息をすることもできない」という信念がその子どもに生まれ、ひとり家に閉じこもっているにもかかわらず、学校という概念を思うだけで震えるようになるわけです。

登校拒否がこの段階まで進むと、自律神経にも影響が生じてきます。

前頭前野には眼窩《がんか》腹側内側部と呼ばれる部分があり、これは視床下部《ししょうかぶ》と直結しています。視床下部というのは、自律神経をコントロールする働きを持っています。

そのため、前頭前野のブリーフシステムとして登校拒否が起こると、その情報が眼窩腹側内側部から視床下部へと伝わり、それが自律神経を刺激します。すると、学校という概念を思い浮かべるだけで額から汗がしたたり落ち、息はゼーゼーし、震えが止まらないという状態が現れるようになります。

こうして自律神経系が侵されると、その情報はやがて脳幹にまで届いていきます。

脳幹は、中枢神経系をコントロールする部分です。中枢神経系というのは、感覚、運動、意思、情緒、反射、呼吸など、体内のあらゆる活動のコントロールタワーの役割を果たしています。脳幹は、生命を維持する上で、非常に重要な部分といわなくてはなりません。

移植手術のためのいわゆる脳死の定義では、イギリスのように脳幹死を脳死と認定する国もあります。理由を簡単にいえば、脳幹が死ぬとその後必ず全脳死に至り、心肺も停止するからです。

病院の集中治療室で、いくら脳幹死の人の生命を人工的に維持しようとしても、それは不可能です。

こうしたことからもわかるように、脳幹が正常に保たれることは生命の維持に欠かせない条件であり、それが変調をきたすと、人間はあらゆる点で生命力を失ってしまいます。

扁桃体と海馬が記憶を増幅して引っぱり出す働きは、大脳辺縁系の処理の中ではローカルな情報処理に過ぎません。

ところが、前頭前野に認識のパターンを生み出すまでにそれが高まってくると、もはやローカルな情報処理という問題ではすまされなくなります。その情報処理が自律神経系を侵し、脳幹までも変調させて、中枢神経の働きをおかしくしてしまいます。

「人が変わった」とか「別人のようだ」と形容されるような状態に陥ってしまうわけです。

人の特性はブリーフシステムで決まる

すでにふれたように、前頭前野の認識のパターン、すなわちブリーフシステムは、人間が先を予測する期待のパターンでもあります。

登校拒否児童の例に見たように、それが歪んだ形で生み出されるとしたら、これはとても恐ろしいことです。

なぜなら前頭前野に収められた期待のパターンは、その人の人格を決めるからです。

人格というのは一般に、個人の心理的な特性のことを表す言葉です。

柔和な人物、裏表のない人物、酷薄な人物、善悪の区別の曖昧《あいまい》な人物、すべてにおいて付和雷同《ふわらいどう》する人物、あるいは争いごとを好む人物。人間はそれぞれ、その人に特徴的な心理的特性を持っています。

こうした個々人が持つ心理的特性は、どうやって生み出されるのか。

それは、すべて**前頭前野の中に収められた期待のパターン**ということができます。

すべての人間は自分に奉仕すべき存在だというブリーフシステムを持つ人は、中世ヨーロッパの王がそうであったように、他人を利用し、支配し、奪います。お金こそすべてだというブリーフシステムを持つ人は、愛情かお金かの究極の二者択一を迫られたときに、迷わずにお金をとります。あるいは、生きとし生けるものはみな平等だというブリーフシステムを持つ人は、命の危険も顧みず環境や野生動物の保護などに平然と人生を投げ出します。

こうした個々人の期待のパターンが、その人の選択と行動を決定するわけですが、それはそのままその人の心理の状態を表しています。

つまり、**個々人の心理的特性は、その人のブリーフシステムによって決まり、それが人格という誰の目にもわかる形で外部に現れるわけです。**

もちろん、人間が持つブリーフシステムは決して1つではありません。前頭前野には、その人がつくりあげたいくつものブリーフシステムが収められており、それらが人間の複雑な内面の動きをつくりだしています。**人間の内面で深い葛藤《かっとう》が起こるのは、前頭前野のブリーフシステム同士が互いに矛盾を起こすからです。**

誤解されやすいＰＴＳＤとは何か

さて、私たちがこの際に問題にするべきは、強烈な恐怖体験によって生み出されるブリーフシステムと、それが人格に与える影響です。

虐待によって生じたトラウマは、その人の人格に決定的な影響を与えることが知られています。きわめて同情すべきことではありますが、親から虐待を受けた人は人格的に問題のある人間になる確率が高いということが統計的にもはっきりしています。

子どもの虐待事件を調べると、子どもを虐待した本人も、親から虐待を受けた経験を持つケースが目立つのです。

その理由は、虐待された体験をくり返し思い出すことによって前頭前野に認識のパターンが生み出されることにあります。本人が小さな関連情報に接すると、それをきっかけに扁桃体と海馬が辛い記憶を思いっきり増幅させて引っぱり出し、それが今度は我が子への虐待衝動に結びついていくからです。

このように、**トラウマ化した辛い体験や悲しい体験が生み出すブリーフシステムは、人間の人格形成にとても悪い影響を与えます。**

2011年3月11日に東日本大震災が起きたとき、私が思いをめぐらしたことの1つは、このことでした。戦後、経験したことのないきわめて大きな災害でしたから、被災者たちの心に、その体験が**PTSD（心的外傷後ストレス障害）**となって残る可能性はきわめて高いと考えなくてはなりませんでした。

この大災害を体験した東北地方の20代、30代の比較的若い社会人や青少年が、そのトラウマによって、円滑な人格を形成できない可能性がある。私は、そんなことを考えました。

それが後に述べるクライシスサイコロジーと、それに基づく私の活動につながりました。

辛い記憶、悲しい記憶になぜ囚われるかというこの本のテーマも、つまるところ同じ問題に突き当たります。

人間は、生きていく間にたくさんのイヤなこと、悲しいことに遭遇し、それを記憶します。失敗を記憶するのは脳の重要な働きであり、そのこと自体に何も問題はありません。

しかしながら、**辛い体験や悲しい体験の記憶に囚われてしまう人もいます。それが負の連鎖へと発展するリスクもあります。**

登校拒否児童が往々にしてそうであるように、その記憶によって人間的な成長が阻害され、人格的に歪んだ大人になるケースもたしかにあるわけです。

一方では、過酷な体験に遭いながらも、それを巧みに乗り越えていく人もいます。そういう人は、過酷な体験によってどのようなハンデを背負わされたとしても、独力で自分の道を切り開くワザを編み出し、周囲の人々にプラスの影響を与えます。

人格的に見ても、「あの人は立派だ」と多くの人々の記憶に残るような人物に成長していきます。

どちらが手ごたえのある面白い生き方か。後者の人生を欲しないという人はいないに違いありません。

前者の道を回避し、後者の道を選び取ることは、自分の力で比較的簡単に行うことができます。

それがいかに過酷な体験であろうとも、やり方ひとつで、それはトラウマ化しません。**トラウマ化さえしなければ、人格形成に悪影響を与えることもないわけです。**

それをどのように回避するか。次にその方法を説明していきましょう。

ゴキブリにも慣れるトラウマ回避の方法

人間が過去の過酷な体験をトラウマ化させてしまうのは、これまで述べてきたように、扁桃体が海馬に促す増幅作用が原因になっています。

そこで、**海馬が記憶を思いっきり増幅して引っぱり出すレベルを意図的に鈍感にしてやることが、辛い体験や悲しい体験の記憶を〝忘れる〟ためにとても有効な方法です。**

鈍感にさせる方法は、2つあります。

1つ目は、**その体験をくり返し、慣れることです。**

慣れるというと、首をかしげる人がいるかもしれません。

慣れないからこそイヤな記憶が甦る。

そう考える人がいたとしても、不思議はないでしょう。

そこでもう少し厳密にいえば、慣れるというのは、それが自分の身に何も危険を及ぼさないということを、体験的にくり返して知るという意味です。


私の知り合いに、ゴキブリの研究をしているアメリカの有名大学の教授がいます。詳しくは知りませんが、ゴキブリの分泌物は、医学的に役立つ大きな可能性を秘めているのだそうです。

彼の研究室には、さまざまな種類のゴキブリが収められた飼育用ガラス箱が、所狭しと積み上げられています。

もちろん、それだけでは飽き足らず、彼の瀟洒《しょうしゃ》なアパートメントも、研究室と同じような状態になっています。

リビングはもとよりキッチンや寝室の床から天井までガラス箱が積まれ、そのひとつひとつに珍しいゴキブリがびっしり入っています。生活空間に、それこそ何千匹、何万匹がうごめいているわけです。

彼にとって、それは愛する研究対象でしょうが、パートナーの女性には耐えがたい存在に違いありません。彼女は、ごくふつうの女性と同様に、ゴキブリは大の苦手です。

ところが、そんなパートナーでも、それほど時間を費やすことなく、ゴキブリ満載のアパートメント暮らしに慣れてしまうそうです。どの程度の慣れなのか定かではありませんが、毎晩ゴキブリ飼育のガラス箱が並んだキッチンで手料理をふるい、隣接したダイニングでふたり食卓を囲んでいることだけはたしかなのです。

それは、初めての解剖で卒倒した医学部の学生が、やがて平然とメスをふるうようになるのと同じことです。

扁桃体は海馬に記憶を増幅して引っぱり出すよう促す働きを行いますが、その一方で、逆にそれを弱めるよう促す働きも持っています。ある情報について、それが生命の危険ではないと判断すると、その情報に鈍感になるわけです。

少々難しい言い方ですが、扁桃体はその意味で、「**評価関数である**」ということができます。

評価関数とは、たとえば将棋のゲームソフトなどに使われている局面の評価方法のことです。将棋ゲームソフトでは、人間が駒を動かして現れた局面を＋10とか＋90などと評価し、コンピュータが次の手を探すようにつくられています。

扁桃体も、目の前で起こった出来事を＋10とか＋90などと評価して、過去の記憶をどのくらい強く引っぱり出すかを決めているわけです。

どうやって登校拒否を治すのか

登校拒否も、慣れるという方法で治すことができます。

学校に行って誰にもいじめられない状態がしばらくつづけば、登校拒否は意外にもすぐに治ってしまいます。

もっとも、いじめをする友だちは、たいていは執拗《しつよう》な相手です。そういう相手がいる学校でいじめられない状態をつくり、その状態を維持することは簡単ではないでしょう。いじめそのものに慣れることはできませんから、この場合はイヤな記憶が何度も甦り、やがてそれがトラウマになってしまいます。

したがって、登校拒否を治す一番いい方法は、子どもを転校させることになるわけです。

転校先で、いじめる相手が目の前から消え、いじめられない状態がしばらくつづけば、その子の登校拒否は本当にケロリと治ってしまいます。

なぜなら、安全で身の危険がないという脳内の情報状態を維持し、それをくり返していけば、扁桃体の評価関数が小さくなっていくからです。

このように、**過酷な体験の記憶を甦らなくさせる方法は、同じ体験がイヤなことではないと認識できるようにしてやることです。**そうすれば、辛い記憶や悲しい記憶は引っぱり出されるものの、それは増幅されずに小さくなっていきます。

そして、この点が重要なのですが、記憶が小さくなれば、パターン認識されたときにそれは重要なパターンではなくなります。

登校拒否の子どもが、学校がイヤなだけでなく、運動会も遠足も嫌うのは、前頭前野に「それらは同じようなもの」というパターンをつくるからです。

学校と運動会と遠足が同じものだというパターンは、進化レベルの低い脳である扁桃体や海馬には生み出せません。

抽象化能力がないため、よほど似通った情報でないかぎり「同じようなもの」とは認識しないのです。それができるのは、最後に進化し、抽象化能力に優れた前頭前野だけです。

登校拒否を起こすくらいのイヤな記憶が出来上がるためには、必ず前頭前野にパターンがつくられています。それが、イヤなことではないという記憶がつづくことによって、前頭前野のパターンそのものが変わっていきます。
するとく、「同じようなもの」というパターンが崩れ、たとえば登校拒否が治るときのように、従来とは異なった認識が生まれるようになるわけです。

記憶を引っぱり出せなければ忘れたのと同じ

さて、2つ目は、**前頭前野側から介入させる方法**です。

脳には、階層性があります。階層性というと難しい言葉ですが、身近なものに置き換えるとわりと簡単に理解できます。

たとえば、目の前に草があり土があり、虫がいる。これが、抽象度の低い古い脳が認識する世界です。

もう一段抽象度の高い脳は、陸があり、川があり、海があり、空があるというようなことを認識します。さらに抽象度の上がった新しい脳は、物質は分子によって成り立っているとか、地球があり宇宙があるというような、抽象的なことを認識するわけです。

新しくできた脳ほど抽象度は高く、階層的に上にあります。

そして、階層的に上位にある脳は低位にある脳よりも優位にあります。優位にあるというのは、上位の脳が働いているときは、それよりも低位にある脳の情報処理に介入可能であるということです。

さて、扁桃体と海馬、前頭前野を含めた大脳辺縁系は大脳皮質に属しています。大脳皮質そのものは脳の中では新しい脳に分類されますが、大脳皮質だけを見ると、大脳辺縁系よりも前頭前野のほうが新しく進化した部分です。

したがって、**脳の階層性という点では、前頭前野のほうが扁桃体や海馬よりも優位にあり、前頭前野の情報処理が、扁桃体と海馬の情報処理に介入可能という関係になります。こうした脳の仕組みを利用して、扁桃体を鈍感にし、評価関数を小さくするのがこの方法です。**

前頭前野側からの介入方法は、例を挙げて説明するのが早道でしょう。

たとえば、道を歩いていると、反対側から暴力団員風の男がこちらに向かってきました。暴力団に脅された恐怖体験を持つ人ならば、そういうときに扁桃体と海馬と前頭前野の連係プレーによって、緊張が走り、体が震え出します。

さらには、手に汗を握ったりして、交感神経までが参加するわけです。

ところが、そういう場合でも、近くに警官がいることがわかると、急に安心します。警官も暴力団員も、見た目は怖そうだし、その違いは前頭前野を使わないとほとんど区別がつきません。

もちろん、制服警官であれば一目瞭然《りょうぜん》ですが、たとえそれが私服の刑事でも、前頭前野はそれをなんとなく認識し、本人は安心するわけです。

これが、**前頭前野側からの介入**です。

もうひとつ例を挙げてみましょう。

たとえば、若い女性が夜道を歩いているときに、後ろからツカツカと足音が近づいてきたら、誰もが「怖い！」と思うでしょう。夜道で襲われた体験があり、それがトラウマになっている女性なら、やはり体は震え、交感神経までが参加して呼吸もゼーゼーと上がるに違いありません。

ところが、そのときにチラリと後ろを振り向き、その足音の主が隣のおじさんだとわかった途端に、その女性は急に安心します。

当たり前だと思うかもしれませんが、おかしなストーカーと隣のおじさんとは異なるという認識は、かなりの抽象思考がなければ生まれません。

前頭前野が、それを可能にしたわけです。


これとは逆のケースもあります。

宝くじに当たって大喜びしている人が、番号をよくよく見たら、数字が1つ違っていた。数字1つ違っているだけで「外れた！」とわかるのは、実はものすごく高い抽象度です。

これが古い脳なら、半分くらい数字が合っていたら「同じものです。当たっています」となるわけです。そして、数字が1つ違っているとわかった瞬間に、大喜びしていた気分が吹き飛んでしまいます。

つまり、ポイントは、優位にある前頭前野は大脳辺縁系の情報処理にあっという間に介入することができる点です。前頭前野が大脳辺縁系の情報処理に介入することによって、即座に恐怖が消え、冷静さを取り戻すわけです。

前頭前野側から介入させることによって恐怖がなくなると、そのことによって、逆向きに前頭前野のパターンが薄れていくことになります。

暴力団に脅された、人相の悪い人は怖い、因縁をつけられたら手も足も出ないなどのパターンが薄れ、そうした認識そのものが変わっていくわけです。

恐怖がなくなり、パターンが変われば、そうした恐怖体験は徐々に記憶に上らなくなります。人間が一度記憶した情報を本当に忘れているかどうかという点は、科学的にはわかっていません。

もちろん、人間はそう簡単には忘れません。すでにふれたように、退行催眠によって忘れているかなり細かいことを思い出す例にもあるように、通常は思い出し方が難しいだけです。

したがって、私たちはふだん忘れた気になっているだけで、きっかけがないために記憶を引っぱり出せないことが多いということでしょう。

とすれば、**引っぱり出せなくすれば、それは忘れたというのと同じです。**前頭前野のパターンが薄れ、記憶に上らなくなることを、私たちは忘却と呼んでいるのです。

記憶のインデックスをなくせば、二度と引き出せなくなる

人間は、同じことではないものを、あたかも「同じようなもの」と認識し、イヤな記憶

とパターンマッチングさせてそれを引っぱり出します。

それを引っぱり出せなくするには、引っぱり出すためのインデックスをなくしてしまえばいいのです。

そのときにインデックスとなるのは**前頭前野のパターン**なのです。

したがって、イヤな記憶を忘れるために必要なことは、前頭前野のパターンを変えること以外にありません。

そして、以上に紹介した2つの方法で、そのパターンは簡単に変えることができます。

それでもなお、辛い記憶や悲しい記憶に囚われつづけているとしたら、それこそ自分に甘えているとしかいいようがありません。

「これだけひどいことが自分の身に起こったのだからそれも仕方ない」という具合に、何も努力をしない自分を許し、現状に甘んじているのです。過去の辛い体験や悲しい体験の記憶に囚われている状態に、好き好んで、自分の身を任せているということでしょう。

いかに過酷な体験をしようとも、それは人生に成功できないことの免罪符にはなりえません。過酷な体験に囚われて潰《つぶ》れていくだけの人は、ただの「つまらない人間」であり、誰も見向きもしないでしょう。本来の人間は、自らの力で立ち直ろうとし、じっさいにめきめきと立ち上がっていく存在なのです。

私たちは、本当は辛い記憶や悲しい記憶に囚われているのではありません。**記憶ではなく前頭前野のパターンが、その人を、身動きならない現状に縛りつけているのです。**

第2章

記憶とは何か。それとどうつき合っていくか。

脳は過去の出来事を
自分に都合よく
ときには都合悪く
書き換えて記憶する

Your brain rewrites your memory
in the way it wants to be.

過去が未来を制約することはない

いうまでもないことですが、思い出はとても大切なものです。

たとえ、それがどんなに辛く悲しいものであったとしても、いらない思い出などあろうはずがありません。私の経験からいえば、人は何もしなくても、時間とともにイヤな記憶を黄金の思い出に変えることができます。

もしも、いまそうなっていないとしたら、それは、その記憶を否定する強い拒否感を持っているということではないでしょうか。

たとえば、記憶の中の自分を否定しなければ気がすまないとか、記憶の中の相手を断罪しないではいられないとか、あるいは記憶の中の出来事を絶対に受け入れることができないとか。いったんそういう思いに囚われると、その思いはどんどん強くなり、同時にイヤな記憶も思いが強くなるに比例してパワーを増していきます。

要するに作用と反作用で、イヤな記憶に対する拒否感が強くなればなるほど、イヤな記

憶が強烈に襲いかかってくるわけです。

これでは、まるで風車に戦いを挑む騎士ドン・キホーテのように救いがありません。記憶に刃《やいば》を向ければ、それは自分の身を傷つけるだけだからです。

大切なことは、過去の出来事に対するこだわりを捨てることです。

今、あなたが辛い記憶、悲しい記憶に囚われて悩んでいるとしても、それはたいしたことではありません。その記憶に刻まれた出来事は過去のことであり、過去はどんどん遠ざかっていくばかりで、二度とやってはきません。

時間というのは、未来から過去へと流れています。

時間は過去から未来へ向かって流れていくものと考えている人が多いのですが、実際はその逆です。

未来は時間がたつと現在になり、現在は時間がたつと過去になり、過去はさらに遠い過去になっていきます。

つまり、**時間はいつも未来から流れてくるものなのです。**

時間が過去に向かって流れているという事実は、私たちが過去の出来事にこだわっても何も意味がないということを端的に示しています。

ほとんどの人は、過去が未来を制約すると思い込んでいます。たとえば、過去のイヤな出来事が現在の自分をつくっている。

これは本当でしょうか?

時間が未来から過去へと流れていくかぎり、未来は、過去とは無関係にやってきます。未来にこうありたいという望みが実現することと、過去に自分はこうだったということとは、いっさい関係がありません。

だから、大人《おとな》しくて目立たないふつうの子どもが、キラ星のような成功を収める大人になったり、誰も想像がつかないような波乱万丈の生涯を送るようになったりするわけです。

過去は、未来を制約してなどいません。

過去に因果を感じているとしたら、それは、その人が過去の出来事に拘泥し、過去と同じ選択と行動を現在にくり返しているからにほかなりません。

こだわって、ドン・キホーテよろしくいつまでも風車と戦っているから、そうなってしまうだけの話です。

ただし、過去のイヤな体験が長期記憶化し、すでにトラウマになっている場合は、それ相応の治療が必要でしょう。とはいえ、専門家の指導によってトラウマを取り除くことは、それほど難しいことではありません。

もしも身近にそのような専門医がいないのでしたら、私のクライシスサイコロジーの指導を受けた精神科医や臨床心理士は信頼できます。

トラウマの問題はそうした専門家の指導を受けることで解決できますが、これは、クライシスサイコロジーについて述べる後の章であらためてふれましょう。

さて、**イヤな記憶が原因で生じる悩みは、その記憶がトラウマ化さえしていなければ、本来すべて自分の力で簡単に治すことができる問題といえます。**

記憶というのは、個人の力ではどうにもならない制御不能なものではありません。実際、記憶の本質さえ押さえておけば、自力でどうにでもなるものなのです。

ならば、それを知って、自分に有利になるようにコントロールするのが賢い人間というものです。そこで、記憶とは何かということを、もう少し深く考えていこうと思います。

そして、記憶とどうつき合うべきか、私の考えをお伝えしていきましょう。

記憶力は統合する能力で決まる

世の中の多くの人は、自分の記憶について、間違った認識を持っています。

読者のみなさんの多くは、自分の記憶は絶対だ、それがそのまま自分の身に起こったことだと思っていることでしょう。

ところが、実際には、自分の記憶に収められた出来事は、自分自身で過去にそういった事実があったと思っているにすぎません。

同じ体験を第三者がまるで異なる出来事として記憶しているケースはたくさんあります。

「これが自分の身に起こったことだ」という記憶は、自分に都合がよくなるように、あるいは自分に不都合になるように、自分自身で加工した記憶だからです。

なぜ自分の記憶が加工されているのか。

それは、記憶がどのようにしまわれ、どのように引っぱり出されるかということを考えると、わかります。

まずは、記憶が脳の中にどのような状態でしまわれているかを、簡単に説明しておきましょう。

記憶とは、機能脳科学的にいえば、側頭葉に入っている情報のことをいいます。

それがどのような形で入っているかといえば、脳内ネットワークのチューニングにより、一定の生物学的にエンコードされた情報状態として入っています。記憶したことを思い出すときは、その情報状態が活性化し、その情報が引っぱり出されるわけです。

記憶が脳内の情報状態だというと、読者のみなさんは、すぐに「そんなものだろうな」とわかったような気になるのではないでしょうか。

そして、「私が過去の記憶に囚われるのは、脳がよほど強烈に一定の電気的・化学的な信号の状態を覚えているからだ。やはりあのとき受けたショックは想像以上に強かったのだ」というように強烈な体験が強烈な記憶をつくると理解するわけです。

しかし、こうした理解は、半分は正しいとしても、もう半分はまったく間違っているといわなくてはなりません。脳の記憶のメカニズムから見ると、出来事が強く刻まれたから強く甦るという直線的な理屈は必ずしも成り立たないからです。

一般に、記憶を問題にするとき、私たちは、それをインプット、つまり入れる側の問題と認識しがちです。よりよく覚える、より速く覚えるために、入れる側の力を強化しなくてはいけない、というように。

そこで「記憶力を強化するためにはどうするか」というノウハウに人気が集まります。

ところが、記憶は、実は入れる側の能力の問題ではないのです。

入れる側の能力は誰もがみな持っており、おそらくその能力は、個々人でほとんど差がありません。

では、**個人によって記憶力に大きな差が生まれる理由は、どこにあるのでしょうか。**

それは、**記憶を出す能力の差なのです。**

いささか専門的な言葉になりますが、出す側の能力のことを統合能力といいます。

脳が記憶を引っぱり出すときに、それを統合する必要があるため、私のような専門家はそう呼んでいます。

統合するというのは、どういうことでしょうか。

すでにふれたように、記憶は、脳内のチューニングされた一定の信号状態のことです。

とはいえ、その一定の電気・化学信号の状態の中に、過去に起こった出来事の記憶が全部ワンセットで詰め込まれているわけではありません。

記憶を構成する情報は、実はバラバラの状態で側頭葉に記憶されているのです。**脳は、それを引っぱり出すとき、バラバラになっている情報を1つに統合するという作業をします。これが統合能力です。**

サヴァン症候群は、なぜ統合力がズバ抜けているのか

統合能力の問題を考えるさいに格好の例は、**サヴァン症候群**の人々でしょう。

サヴァン症候群は、19世紀の終わりごろにイギリスの医師が、特定の分野できわめて高い才能を発揮する先天的な知的障害者がいることを発見し、その人の症状をidiot savant（優れた技能や才能をもつ知的障害者）と名づけたことから始まっています。

ご存じの方も多いと思いますが、サヴァン症候群の人は、一度目を通しただけで大著にしたためられた文章を一字一句間違えることなく暗誦したり、未来の特定の日が何曜日に当たるかをかぎりなく言い当てたり、素数をかぎりなく挙げたり、譜面はわからないのに

一度聴いただけの音楽を正確に弾いたり、それぞれがとても際立った能力を発揮します。

もちろん、ふつうの学習能力は一般の人となんら変わりません。

にもかかわらず、暗記や計算に関係する何か特定のことで、驚くべき能力を持つわけです。


彼らがなぜ、このような特異な能力を発揮するのかをめぐっては、さまざまな説が述べられてきました。今でも諸説が戦わせられているようですが、脳機能研究の学者の間では、すでにひとつの結論をえています。

それは、**サヴァン症候群の原因が先天的もしくは後天的な左脳の損傷と、そのための右脳の異常発達にある**というものです。

ちなみに、左脳とは、言語野を持ち、論理的思考を司る脳です。

言語野は、右利きの人の90数%で左脳側にありますが、左利きの人ではおよそ60%が脳の右脳側にあります。ここでは煩わしさを避けるために、言語野を持ち、論理的な思考を司る脳のことをすべて左脳と呼ぶことにします。

それに対して、右脳は図形や音楽などの読み取りや聞き取りに優れた直感的把握を司る脳です。

そこで、脳機能研究の分野では、**直感的把握を司る右脳が異常に発達することによってサヴァンが示す特異な能力が生まれた、**というのが定説になっているわけです。

これはどういうことかというと、生まれつき左脳が損傷している人は、右脳が発達することがわかっています。失われた左脳の機能を右脳が補おうとするからです。

実際、サヴァン症候群の人たちを調べると、失った機能を補完するために、右脳がふつうよりも顕著に発達していることが見てとれます。

一度見ただけで大著を一字一句暗誦したり、一度聴いた音楽をすべて間違いなく弾いたりすれば、私たちはその能力に驚き、「細部の隅々まで漏らさずに理解しているに違いない」と勘違いしてしまいます。

しかし、本当のところは、彼らは部分と全体の関係についてはよくわかっていません。部分を組み合わせてゲシュタルトをつくるのは左脳に備わった能力であり、左脳が損傷している彼らには、それが苦手なのです。

そのことを示す例として、大著に記された内容を漏らさず暗誦するサヴァンは、じっさいにはその意味を理解しているとは限りません。

ちなみに、サヴァンは言葉を操るのが不得手なケースが多く、おそらくそれが原因になっているのだと思いますが、サヴァンの10人に1人は自閉症という調査結果が出ています。

ゲシュタルトに戻す統合力が記憶の鍵

その一方で、**サヴァン症候群の人に共通するのは、全体ゲシュタルトとしての記憶が非常に上手《うま》い**という点です。

彼らがどのような記憶の入れ方をしているかといえば、バラバラの情報がどう理論的に結ばれているかという理解をすっ飛ばして、全体を1つの塊《かたまり》として側頭葉に投げ込んでいるものと考えられます。

その様子を比喩《ひゆ》的に描けば、大きな1枚のステンドグラスを箱の中に投げ込むような感じでしょう。ステンドグラスを構成する色つきのガラスは、その瞬間にバラバラに砕け、その箱の中に収まっていきます。

この場合の箱とは側頭葉のことです。

そして、このときに、ガラス片1枚1枚について、それがどういうものであるかという解釈はなされることがありません。

それが引っぱり出されるときは、映画の逆回しで砕けたガラスが一気に1枚のガラス板に戻っていくシーンのように、バラバラの欠片《かけら》が寸分の狂いなく元のゲシュタルトに統合されていきます。

だから、サヴァンは大著にしたためられた内容を一字一句間違えずに、それを諳《そら》んじることができるわけです。

こうした記憶の投げ込まれ方に関しては、サヴァン症候群に限られた特別なことではありません。すでにふれたように、人間はすべてこうした記憶のしかたをしています。

そして、この記憶を入れる側の能力は、個人によってほとんど差がありません。

私たちも、サヴァン症候群の方々ほどではないでしょうが、かなりの範囲で一度見たものを記憶していると考えられています。

ところが、私たちはそれをサヴァンのように統合し、元のゲシュタルトに戻すことができません。

入れる側の能力は同等なのに、私たちにはサヴァンがやるような記憶の再現ができないわけです。

この両者の差がどこにあるかといえば、それは**バラバラに記憶された情報を一気に元のゲシュタルトに戻す統合能力**のほかにありません。

また、アメリカの人気連続ドラマ「アンフォーゲッタブル」で日本でも話題となった超記憶症候群（Hyperthermia）というものもあります。これはサヴァン症候群とは異なり、記憶したりすることは普通の人と能力が変わらないにもかかわらず、本人の人生で実際に体験した出来事、いわゆるエピソード記憶に関しては、詳細まで覚えているというめずらしい症例で、全世界で数人程度というレベルの症例です。

これは、前頭前野や前帯状皮質の働きがうまく行かず、記憶が連想的にどんどん出てくるのを止められなくなっているためと考えられます。

記憶がウソをつく仕組みとは？

脳が情報を記憶し、それを再現するやり方は、一風変わっています。

記録を残すとき、私たちは1冊のノートにまとめたり、1枚の写真に収めたり、それに関する情報を静止状態にまとめて保存しようとします。

一方、側頭葉の記憶に収められた情報は、すでに述べたようにすべてバラバラです。

過去の出来事を思い出すときは、それを体験した場所、時間、そのときにいた相手、その人たちや自分が発した言葉や表情、周りの様子など、バラバラの情報を統合しなくてはなりません。

いつ統合するかといえば、思い出す瞬間です。

その一瞬の間に、過去に起こった出来事をひとまとまりのストーリーという記憶として引っぱり出すのです。

ここで注目すべきは、このようにして引っぱり出される記憶は、**1回ごとに異なったストーリーで構成されるゲシュタルトである、**という点です。

ゲシュタルトとは、バラバラなものを統合してひとまとまりの状態にしたものを指す言葉です。情報がバラバラに記憶されているのですから当然かもしれませんが、思い出すひとまとまりの記憶は、それを思い出すたびに1回1回統合されます。

たとえ1日に何十回、何百回と思い出す記憶でも、そのたびに1回1回統合されているということです。

視覚野を例にとって、このことを考えてみましょう。

視覚野というのは、後頭葉にある、目から入った視覚情報を処理する部分です。

V1からV5までの5つの領域に分かれており、目から入った情報はそれぞれの領域で、色、形、輪郭、速度、方向などすべてがバラバラに認識されています。

脳が受け取る視覚情報は、テレビカメラのように色、形、動きなどの映像をワンセットで認識しているわけではありません。脳はそれらのバラバラの情報を統合し、私たちはその統合された情報を目に映る1つの現実として認識するのです。

今、目に映る現実という場合、色や形、動きだけでなく、そこには音や匂いもあります。それらは、目の前に映る現実の文脈を構成する、映像以外の要素です。

そして、そうした文脈が情報の中にすべて埋め込まれて、初めて意味を持つゲシュタルトが生まれます。

たとえば、休憩時間に喫茶店に入り、挽《ひ》きたてのコーヒーとお気に入りのケーキが目の前のテーブルに出てくるまでの現実。あるいは、運転中に子どもが道路に飛び出して急ブレーキをかけるまでの現実。すると、そこに楽しいとか怖いといった意味が初めて付与され、その結果として私たちが認識するひとまとまりの現実が生まれます。

しかも、このひとまとまりの現実は、そのときその場で脳がリアルタイムでバラバラの情報を統合し、構成しているわけです。

過去の出来事を思い出すときも、実は脳内でこれとまったく同じことが行われています。

本人は記憶していることをそのままの形で思い出したと感じますが、本当は情報のひとつひとつを統合し、過去に起こったひとまとまりの出来事というゲシュタルトを、脳がリアルタイムで再構成しています。

過去の記憶であるにもかかわらず、それを統合するのは、この現在にリアルタイムで存在する脳なのです。

先に、現実を認識するさいに、意味が付与されて初めてひとまとまりの現実が認識されると私はいいました。

実は、記憶も同じで、意味が付与されて初めてひとまとまりの記憶にならないと、人間は記憶を思い出すことができません。

つまり、**記憶も、そのときに時系列に何が起こったかということではなく、意味が重要なのです。**

このことは、記憶は過去の出来事を忠実にトレースしたものではないということを示しています。記憶は幻だとはいわないまでも、決して過去を正確に伝えるものではありません。

また、思い出すたびに、脳はリアルタイムで1回ごとにゲシュタルトを再構成しているわけですから、記憶に描かれた過去の出来事が、毎回思い出すたびに同じ内容であるともいえないわけです。

とすれば、その記憶の意味を補強するために、情報を脚色したり、別の記憶の情報を借りてきたりすることが起こるのも不思議ではありません。

実際、大人しく言いつけを守っていたのに父親から理不尽に怒られた子どものころの記憶について、「あのときは、お前がウソばかりついて全然約束を守らなかったから、お父さんの堪忍袋の緒が切れたんですよ」と、記憶違いのまったく逆のストーリーだったことを指摘されたというような話はいくらでもあります。

ここ数年、一般の人々の間でも、**記憶はウソをつくという認識が広がってきました。**

それはそのとおりで、**私たちは記憶を自分に都合よく、ときには自分にわざわざ都合悪く書き換えて、記憶していることも多々あるわけです。**

統合失調症は統合が上手すぎる

では、イヤな記憶ばかりが甦るという問題は、統合能力とどのように関係しているのでしょうか。

この問題を考える際に参考になるのは、**統合失調症**でしょう。

統合失調症は、わが国では2002年まで精神分裂病と呼ばれていた精神疾患です。

その症状は、妄想、自我障害（自分と他人の境界があいまいになる）、興奮状態、幻聴、無気力、感情の平板化など、いくつかの特徴的な症状がありますが、なかでも妄想はほとんどのケースに共通しています。

統合失調症が抱く妄想は本人の被害者意識に基づくものが多く、たとえば盗聴器が仕掛けられている、組織が自分を監視している、相手にいやがらせをされる、他人に考えを吸い取られてしまうなどが典型例といえます。


彼らがどうしてこのような妄想を抱くのかといえば、記憶の統合能力に問題があるからです。彼らが行う統合は、イヤな記憶に悩まされることのどこに核心があるのかという点を、非常によく示唆しているといわなくてはなりません。

「統合失調」というと、どことなく統合下手という印象を持つでしょうが、統合失調症の人はむしろ統合のしかたが上手すぎるのです。私はかねてから、統合失調症は統合し過ぎ病と呼んだ方がふさわしいと指摘してきたくらいです。


実際、統合失調症の人は、「あの人が私を攻撃しようとしている」などと、現実世界として本来、統合しないものまで、現実のゲシュタルトに入れてしまいます。

「駅前で目が合ったときに、あの男は私を威嚇するように冷たく笑ったのです」などと、巧妙なフィクションまで用います。

そして、誰に聞いてもどこを探しても、そんな事実はまったくないにもかかわらず、相手に攻撃されているという情報を現実のゲシュタルトに統合してしまうわけです。

その意味で、統合失調症の人の統合能力は高いといわなくてはなりません。統合能力が高いことは、本人にとって、本来いいことであるはずです。

ところが、彼らはなぜか、それを自分が不利になるように統合し、ますます妄想や幻聴の度を強めていきます。統合のしかたはたしかに上手いのですが、わざわざ悪い物だけを選んで偏《かたよ》った統合を行い、自分を苦しめていくわけです。

現在は過去にベストの選択を積み重ねてきた結果

統合失調症の人に特有のこうした特徴が、「バカな人のバカな精神構造で、自分とは無関係だ」と一笑に付すとしたら、それは誤った認識かもしれません。

実は、イヤな記憶に囚われている人も、統合失調症のケースとよく似た部分があります。

それは、わざわざ自分の不利になるように、また自分が強く苦しむように、記憶を統合している点です。

すでに述べたように、私たちの記憶は、過去の出来事を正確に再現するものではありません。記憶は、その人が過去の出来事に対して行った意味づけに基づいて、そのたびに脳がリアルタイムで再構成しているゲシュタルトであり、思い出す記憶が毎回、まったく同一のものでもありません。

しかも、それはその人が自分に都合よく（あるいは、都合悪く）書き換えた可能性があるものです。

その証拠に、記憶どおりの出来事が起こったと考えているのは本人だけで、他人にはまったく違った出来事として記憶されている場合も少なくありません。

とすれば、いかに過去の記憶に苦しめられているといっても、それは自分に都合が悪いように統合したから苦しんでいる、ということなのです。**このように記憶を統合しているのは自分の脳ですから、つまるところ、自分自身が悪いのです。**

自分を苦しめる統合のやり方をやめるのは、とても簡単なことです。

まず、**過去の出来事を楽観的に考えるだけで、記憶の内容はずいぶん変わります。**

幸せにしてやろうと懸命に育ててきた娘が自分のせいで不幸になった。娘が不憫《ふびん》でならない。そうやって、ことあるごとに自分を責める年配の男性がいたとします。

私なら、「それがどうかしましたか」の一言です。

行き過ぎや落ち度はあったことでしょうが、親が懸命になったからこそ、その娘さんはいまも元気に生きています。そうでなければ、死んでいたかもしれません。

たとえ今、幸福な人生とはいえないとしても、「自分の娘がそんなことくらいで負けるわけがない。勝負はこれからだ」と考えないところが不思議でなりません。

統合失調症の人と同じように、自分に不利になる情報ばかりを好き好んで統合しているわけです。

現在は、過去にベストの選択を積み重ねて出た、ベストの結果です。

もちろん、「選択がベストだったかどうか、わからない」という人はいるでしょう。しかし、そんなことを言い出したら、人は何も選択することができないし、結果を評価することだってできません。

「あのとき、こうしておけば、もっと大金を稼ぐことができたのに」という選択肢の存在に気づくのは、過去の自分ではなく、現在の自分です。

過去の自分には異なった選択肢はなく、だからこそそれを選ぶことができなかったわけです。

「わかっていたけど、選ぶことができなかった」という人もいるでしょうが、もし本当に異なった選択肢があったとしても、それを選択できなかった正当な理由があったということでしょう。理由があってできなかったわけですから、やはり過去に選択したことがベストなのであり、そこに後悔が入り込む余地はありません。


人が後悔するときは、時が経《た》ち状況が移ろうことによって、後でわかった結果論で考えていることがほとんどです。

人が結果論を語るときには、必ず罠《わな》があります。

過去の選択によって「あのとき、この選択をしたのは大正解だった」と思っていることが、10年後には評価が逆転し、「あれがそもそもの大失敗だった」ということになるかもしれません。

逆に、いま「あのとき、ああしておけばよかった」と後悔していることが、10年後には「失敗したと思っていたけど、本当は大正解だったんだなあ」に変わるかもしれません。

結果というのは、いつまでも流動的なものです。

本人が満足できるかどうかは死の間際までわからないし、本人への世間の評価はその後もわからないのです。

とすれば、**「これが一番いいはずだ」と主体的に行った選択はすべてベストの選択であり、ベストの選択の結果はベストの結果と考える以外に、この世にベストは存在していません。**そのベストの選択とベストの結果の積み重ねとしての現在は、「やはり最高！」と評価すべきなのです。

現在はベストの選択がもたらしたベストの結果です。現在がベストだと認識することができれば、過去にどんなに辛く悲しい出来事があったとしても、その記憶にはその人の精神を不安定にさせる力はありません。

また、**主体的な人生の選択をくり返していけば、時間とともに、さらによりよいベストの未来がやってきて、現在になります。**

とすれば、過去のイヤな出来事の記憶に囚われなければならない理由はどこにもないはずです。

なのに、それができないというのなら、くよくよ悩んで現状に甘んじることが楽だからそうしているだけのことではないでしょうか。

怒りを鎮めるには一つ上のゲシュタルトをつくる

イヤな記憶は、つき合い方次第で、いかようにも自分に有利に統合することができます。次に、ケース別にその処方箋を紹介してみましょう。

★怒り――「あいつのことだけは、決して許すことができない」

組織の中で仕事をする以上、人間関係のイヤな体験の記憶は誰にでもあります。大事な席でひどい恥をかかされたとか、組織のために命令を遂行したのに捨て駒にされたとか。組織に裏切りはつきものですが、とくに自分が信頼を寄せていた相手からの裏切りは耐え難いかもしれません。

人間の感情というのは、人間に対して起こります。

相手が物である場合は、憎悪や嫌悪などの感情はそう簡単に起きません。自然災害の場合でも、よほどの大災害パニックが起こらないかぎり、その記憶が人間を長期間苦しめることは稀《まれ》です。

感情は基本的に人間に対して向けられ、人間関係の中で強化されたり弱められたりするわけです。

なかでも、相手に対する怒りの感情は、利害の一致する仲間か、利害が対立する敵に向けられることがほとんどです。仲間でも敵でもない相手に対しては、人間はきわめて無関心といえます。

私たちは、利害の一致する相手から受けた裏切りにはことのほか弱いものです。相手が最初から敵ならば、裏切られたり罠にはめられたりしても、それはもともと想定の範囲内です。予想されたことが起こっても記憶に残らないのと同様に、感情にも残らないわけです。

ところが、仲間だと思っていた相手に裏切られると、強い感情が起こります。なぜなら、それは思ってもみなかったことだからです。

その体験は、前頭前野につくりあげられたブリーフシステムに反するのです。

そして、似かよったことが起こると、扁桃体が海馬にその記憶を増幅させて引っぱり出させます。その度に、「あいつのことだけは、決して許せない」という情動が強化されていくわけです。

そうした情動的記憶を鎮めるのは、実は簡単です。相手が何者かわからないというのなら困難かもしれませんが、はっきりと存在するからやりやすいわけです。


その方法は、**ひとつ上の抽象度のゲシュタルトをつくること**です。

裏切りというのは、相手が意図的にそうするものです。

裏切るつもりがなければ、単なる過失ということになり、それがイヤな体験の記憶としていつまでも残る理由がなくなります。

相手が意図的にそれをやった場合は、たしかに悪い奴は相手かもしれませんが、本来その原因は自分にあります。

いささかきつい言い方に聞こえるかもしれませんが、それは自分のせいであり、自分が悪いのです。

私がここで自分のせいというのは、その裏切りは相手と自分の人間関係の中で起き、自分がいなければ起きなかったことだからです。

それは相手だけの問題ではなく、必ず自分にも関係しています。

とはいえ、責められるべきは自分だ、という意味ではありません。

あなたが社長で、目をかけていた社員に会社の金を横領されたとしましょう。そのときに、ひとつ上の抽象度のゲシュタルトをつくるには、「こいつ、許せない！」と相手に向かってカッとなるのではなく、まず「あ、自分のせいかもしれない」と自分のほうに向き直ることです。そして、「なぜ、あいつを採用したんだろう？　次は、もっと人物をよく見て採用しよう」と、それを防ぐ方法を考えるのです。

「あ、自分のせいかもしれない」で始まる内省は、自らを客観的に見て、評価することです。そのときに考えたことは、すべて、前頭前野による評価になるわけです。

一方、「こいつ、許せない！」という情動のゲシュタルトには、前頭前野の評価がいっさいありません。

それをそのままにしておけば、「その体験は嫌だ！」というゲシュタルトが凝り固まり、「許せない」「許せない」「許せない」という情動が無限にくり返されていきます。

そこで、「なぜ、その『嫌だ』が起きたのですか？」、もしくは「次は、それをどう防げばいいですか？」と自らに問いかけ、前頭前野を働かせ、その体験を評価するのです。

面白いもので、イヤな体験を評価し、前頭前野を働かせることをくり返していると、「許せない！」「嫌だ！」という情動がものの見事に鎮まっていきます。

この効果のほどを実感したいなら、あらゆるイヤな出来事が身近で起きたときに、これを試してみてください。

泥棒に遭った、後味の悪い喧嘩《けんか》をした、優しく接するべき相手にひどいことをしてしまったなど……。その際に得られるのは、傷が新しい皮膚に覆われ、何事も起こらなかったかのような癒《い》えた状態に戻るような効果です。

ひとつ上の抽象度のゲシュタルトをつくることによって、イヤな味わいの情動が薄らぎ、徐々にその体験が失敗をくり返さないためのありふれた記憶に変わっていくことを、じわりと理解できるに違いありません。

これが、**情動的にイヤな体験をトラウマにすることなく、長期記憶化もさせない一番の簡単な方法**です。

ＩＱを高めれば怒りを鎮めることができる

男性よりも女性によく見られることかもしれませんが、夜、ベッドに入ってから情動的にイヤな体験を思い出し、カッカカッカと怒って興奮し、眠れなくなることがあると思います。

これは、情動的な体験の記憶が扁桃体と海馬による増幅効果によって引っぱり出され、その情報が視床下部にまで伝わって自律神経系が興奮し、目が冴えてしまうわけです。

この場合の解決法は、第1章で述べたように、前頭前野側から介入してやることが有効です。脳は階層性を持っており、前頭前野は大脳辺縁系の扁桃体や海馬にあっという間に介入することができます。

前頭前野と大脳辺縁系は、どちらかが必ず主となります。同時に主となることはありません。

前頭前野が主に働いているときは大脳辺縁系が従となり、大脳辺縁系が主となるときは前頭前野が働かないのです。片方がまったく働かないというわけではありませんが、どちらかが必ず優位になっているわけです。

カッカカッカと怒ったり、ドキドキして不安が高まったりしているときは、大脳辺縁系が優位になり、前頭前野の活動が低下している状態にほかなりません。

したがって、前頭前野を働かせ、大脳辺縁系の活動に介入することによって、本来、その状態は即座に収まるはずですが、それをうまくできない人が多いのです。

前頭前野側からの介入をスムーズに行うためには、ここでも、ひとつ上の抽象度のゲシュタルトをつくることがコツです。

読者のみなさんは、ガス・ヴァン・サント監督の映画『**グッド・ウィル・ハンティング**』をご覧になったことがあるでしょうか。

この中に、ちょうど前頭前野側からの介入を行う話がでてきます。ひとつ上の抽象度のゲシュタルトのつくり方の例としても参考になると思いますので、ちょっと紹介してみましょう。

まず、あらすじは、ざっとこんな感じです。

マサチューセッツ工科大学で清掃員をして暮らす心を閉ざした少年が、学生たちでもなかなか解けない数学の問題を、簡単に解いてしまいます。

彼は、読んだり見たりしたことをすぐに理解し覚えてしまう才能を持ち、とりわけ数学に特別な才能を発揮しました。

その天才少年が、マット・デイモン扮する、ウィルです。

彼のことを知ったフィールズ賞受賞の数学科の教授が、その非凡な才能を開花させようとします。

ところが、ウィルは、数学こそ期待どおりに進歩しても、閉ざした心を容易に開くことができず、一流セラピストたちをことごとくバカにし、遠ざけてしまいます。

最後の頼みの綱に、教授はウィルを、かつて大学時代のルームメートだったショーンのもとへと送り込みます。ショーンは、ウィルと同じような貧しい境遇で育ち、天才と謳《うた》われながらも妻を失ったことがきっかけで落ちぶれてしまった心理学者です。

今はコミュニティカレッジの教授に身をやつし、まるで妻を救えなかった自分に罰を科すように生きています。

そして、その出会いが、ウィルには心の扉を開くことを、ショーンには囚われの過去から抜け出ることを促し、新たな旅立ちのシーンで映画は終わります。

さて、ウィルがショーンに初めて出会ったとき、彼はショーンが描いた妻の肖像画に対して辛辣《しんらつ》な批評を行い、知識をひけらかし、彼女のことを侮辱します。

ショーンはウィルのことを「許せない！」と感じ、その次の面会のとき、ちょうどここでのテーマと同じように眠れない夜を過ごしたことを告白します。

このときのショーンの台詞《せりふ》は、作品の肝に当たる独白なのですが、ひとつ上の抽象度のゲシュタルトをつくることのお手本のような内容といえます。

非常に長い台詞ですので、ここではその一部分だけ紹介してみましょう。

「このあいだ君が絵についていったことを考えたんだ。夜中まで眠らずにね。そして、あることがひらめいて、その後は本当に安らかな眠りについた。

それ以来、君のことは考えもしなくなった。

何がひらめいたか、わかるかね？

君はまだ子どもだ。

自分で何をしゃべっているかまるでわかっていない。

ボストンを出たことはないんだろう？

僕が君に美術のことを訊《たず》ねたら、君はたくさんの美術の本に書いてある知識を話すだろう。

たとえば、ミケランジェロ。君は彼についてたくさんのことを知っている。すべての作品、政治的野心、法王との確執、性的な嗜好。でも、きっと君はシスティナ礼拝堂に行くとどんな香りがするかわかっていない。君はじっさいにそこに立って、あの美しい天井画を見上げたことが一度もないんだ。一度もね。

僕が君に女の話を訊《き》けば、君は好きなタイプをいろいろ挙げるだろう。女と寝たことだってあるかもしれない。でも、君は愛する女の隣で朝目を覚まし、心から幸せを感じることがどういうものなのか、僕に教えることはできないんだ」

一読すればわかるように、この台詞でショーンが問題にしたのは経験です。当たり前のことですが、人生の手触りは、実際にそれを経験した者にしか語ることはできません。ウィルは一見、どのような知識でも持っている大人に見えながら、生まれ育った街以外の眺めを見たことがありません。彼は、そういう人物がいくら亡妻を侮辱したからといって怒りの感情を持つのはバカげているし、むしろ憐《あわ》れむべきことだと考えたのでしょう。**そう考えることによって、前頭前野を優位にしたのです。**

その結果、彼は安らかに眠りにつきました。私が彼の立場でも、やはり安心して眠りにつくでしょう。

完璧な論理によって前頭前野の介入が行われたことで、大脳辺縁系の活動が抑制され、心底リラックスした状態が生まれるからです。**相手に対する怒りを、逆に相手に対する憐《れん》憫《びん》に変えることは、その瞬間に大脳辺縁系優位の攻撃性を鎮める、前頭前野の介入テクニックです。**

ショーンの例が示すのは、果たして自分が感じている怒りはまっとうな怒りか、その正当性や根拠を疑う姿勢でしょう。

それを疑うときは、必ず前頭前野が働き、ＩＱが高まります。

人間はＩＱが高まった状態に自分を持っていくことで、大脳辺縁系優位の攻撃性を抑えることができます。したがって、夜ベッドに入って怒りや不安などの感情が高ぶってしまうときは、それがなぜ生まれるのか、それはまっとうな感情なのかという点を自分に問いかけ、前頭前野を働かせることです。

そうやって、**ＩＱが高まった状態でぐっすり眠ることができれば、そのイヤな記憶が長**

期記憶化されることもないわけです。

なぜ、「自分から望んで選択したこと」には後悔がないのか

★悔根《かいこん》——「あのとき雪山でビバークしていれば、仲間は死なずにすんだ」

過去の出来事を残念に思い、いつまでも後悔している人はいることでしょう。

あなたが、仲間と雪山で遭難し、自分とわずかな仲間しか生き残れなかったとします。遭難の現場でどのようなドラマがあったにせよ、生き残った人はみな、「**あのとき、自分がもっとこうしていれば、仲間は助かったはずだ**」と深い悔根の情を抱くに違いありません。悔根の情を抱えて生きていくこと自体に問題はありませんが、その記憶がトラウマとなり、実生活における判断や選択に影響を与えるとすれば、それは大きな問題です。

この問題に進む前に、そもそも人間はなぜ後悔するのか、考えてみましょう。

後悔が生まれる理由は、実ははっきりしています。

それは、**得られた結果が、自分の選択によって生まれた結果ではないからです。**自分の選択ではないというのは、他人に勧められた、みんながそうするから、あるいは、そうしないと格好悪いからといった自分以外の理由による選択ということです。

私たちの多くは、何か重大な選択を行うときに、心から自分が望んだ選択をほとんどしていません。自分とは別のところに基準を置いて選択し、それが期待とは異なる結果を生むと、後悔するわけです。

しかし、「こうやっていればよかったのに」という結果論は、長い人生の時間軸を考えるとまったく意味がありません。

人生は、死ぬまで結果にたどり着かない阿弥陀《あみだ》くじのようなものだからです。

すでにふれたように、たとえ今、望んだような結果が出ていなかったとしても、10年後、あるいは20年後、はたまた30年後には、「やっぱり大正解だった」ということになるかもしれません。

それなのに、いま自分がたまたま置かれている状態を、どうして悪い結果だと評価できるでしょうか。

同じ結果に対して、私たちはつねに、良い、悪い、どちらにも評価することができます。結果が失敗でも、「よかった。これで成功に近づいた」という評価と、「また失敗か。この調子じゃ、次もうまくいきそうにない」という評価があり、どちらが本人にプラスになるかといえば前者に決まっています。

自分が自分に下す評価なのですから、自分の成長にプラスになるように評価するのが、ごく当たり前の健全なやり方のはずです。

ところが、多くの人はそういう考え方をとりません。

どういうわけか、わざわざ自分が不利になるように悪い評価を下します。これは、実に不思議なことです。


なぜ、結果に対して、わざわざ悪い評価を下すのか。

その理由は、自分の能力に対する自己評価が低いからです。

これをコーチング用語では、**エフィカシー**（自己のゴール達成能力の自己評価）といいます。

エフィカシーが低いから、心から自分が望む選択を行い、結果を受け止めることができないのです。

エフィカシーの低い人は往々にして、他人の言葉、世間体《てい》、あるいは常識に頼って選択を行います。他人に選んでもらったことだから、どんな結果に対しても、「よかった」と顔を輝かせることができないわけです。

心から自分が望んだ選択を行うと、たとえ結果が期待どおりでなかったとしても、それがベストだと評価することができるようになります。

なぜなら、自分で行う選択は本人にとってつねにベストの選択であり、ベストの選択によって生み出される結果は本人にとってつねにベストの結果だからです。

つまり、**心から自分が望んで選択したことからは、決して後悔は生まれません。**

その点を理解し、これからは何事も自分で選択するのだと決意すれば、その瞬間に過去のたいていの後悔の念は雲散霧消《うんさんむしょう》するはずです。

どんな結果もプラスでとらえる考え方

さて、そうはいっても、どうしても自分で選択することができない局面というものがやはり存在します。

先の雪山の遭難で、ビバークして救援を待つべきだという主張と、下山を強行すべきだという主張と、どちらを選択するか。

これが絶対に正解だという答えはありません。

どうするかはいわば賭けですから、結果に責任が生じるとは思いませんが、実際に仲間を失えば、後悔の念にかられないほうがおかしいでしょう。

とはいえ、そうした後悔に、後悔するに足る根拠が本当にあるかといえば、私はまったく疑問に思います。


私たちが何事かについて後悔する場合、それは「もしこうしていれば、違う結果がでていた」と考え、それが現実の結果よりも優れているという理由で後悔します。

つまり、「もし雪山でこうしていれば、全員助かったはずだ」と、常に実際に起こったことよりもいい結果を想定し、それとの比較で過去に行った選択を悪く評価するわけです。

しかし、本当にそうでしょうか。


雪山で下山を強行し、仲間の半数を失ったリーダーは、「ビバークしていれば1人か2

人の犠牲ですんでいたはずだ」と考えるでしょう。

しかし、こういう場合の不思議な特徴だと思いますが、「ビバークしていたら、雪崩《なだれ》に遭って全員死んでいたかもしれない」とは考えません。

「いや、気象台の記録を見ると、あのときに雪崩は起きなかった」というかもしれませんが、それもまた結果論です。絶対に雪崩が起きないことを、雪山で遭難しているときに知ることはできません。

人間の選択によって未来が変化することは十分に起こりえますから、実際にビバークしていたら雪崩は起こったかもしれないわけです。

にもかかわらず、下山を強行しなければ全員助かっていたという結果ばかりを想定し、後悔にかられます。「半数が生き残ることができて、俺たちの選択は正しかった」とは評価しないのですから、おかしなものです。

現実の結果よりもいい結果を想像して後悔するというのは、人間が抱くさまざまな後悔に共通しています。

典型的なのは、仮想の自分を想像して後悔するケースでしょう。

たとえば、高熱が出てA大学の試験を受けられず、結局B大学に行った山田さんは、いま会社の中でうだつが上がりません。一方、彼の高校の同級生は、A大学に合格し、いまものすごく出世しています。

山田さんは、自分は同等の学力を持っていたのにB大学にしか行くことができず、それを自分が出世できない理由だと考えています。

「俺がA大学に行っていれば、あいつと同じように大出世していたのに」と、高熱を出したこと、同級生のようになれなかったことを後悔しています。

しかし、A大学を卒業し、勤め先で出世した自分というのは、想像の産物です。

しかも、それはいまの自分よりも良い姿を想像して、都合よく組み立てたバーチャルな自分にすぎません。そんな仮想の自分と現実の自分を比較しても、現実の自分が勝つ道理はありません。

今よりもより良い仮想の自分を想像するかぎり、その人は負け続けの道を歩まざるをえないのです。

なぜ、「B大学に進学できて、よかった」と思わないのでしょうか。

それは、自分でそれを選択しなかったからです。

「高熱を出したんだから、A大学は諦めて、B大学に行きなさい」という親や先生の勧めに乗っかってしまったからこそ、「A大学に行っていれば、俺も同級生と同じように出世していた。俺は不運だ」と後悔します。

つまり、仮想の自分を持ち出し、わざわざ現実の自分が不利になるように自分を評価しているのです。

このように、**後悔そのものには意味がありません**。雪山で遭難し、仲間を失ったという凄惨な体験においても、それは同じことです。

「あいつの判断が間違っていたから、仲間が犠牲になったんだ」

もしも、そんな陰口を叩かれているのなら、「そうかもしれない」と答えればいいのです。そして、自分のその苦い心に、こう応じてやることです。

「しかし、その選択をしなければ、全員が死んでいたかもしれない。オレは、ベストの結果を出したのだ」と。

人は必要のないことを不安に思っている

★不安――「この経済の先行き不安の中で、オレはやっていけるだろうか」

病院の精神科や心療内科を覗《のぞ》くと、景気や経済に対する先行き不安や社会が壊れていくという不安にかられ、精神や体調を崩している人が思いのほか多いことに驚かされます。

知り合いの医者に訊くと、株価の変動にともなって、うつ病症状が重くなったり軽くなったりする患者さんが少なからずいるそうです。

しかも、それは、経営者や重役など社会的地位の高い人に多い傾向だといいます。

私には、経済や社会の将来的な悪化が見込まれるという理由で、精神的にへこむ心理がまったくわかりません。

ただ、未来に対して漠然とした不安を抱き、そのために精神的に病んでしまう人は、近代化を遂げて以降、たしかに目にとまるようになりました。

たとえば、小説家の芥川龍之介は、遺書に「ただぼんやりした不安」という言葉を残し、自殺してしまいます。もちろん現代に生きる私たちに彼の自殺の真相を知ることはできませんが、未来に対する悲観的な考えが動機のひとつだったというのは、今日の定説になっています。

その理由は、不安に感じている未来の姿は、私たちがいま向き合っている現実ではないからです。未来にひどい世界がやってくると感じているとしても、想像どおりの未来がやってくることはありません。

たとえば、もう何十年もの間、「石油が枯渇するぞ。たいへんだ」と騒がれてきましたが、地球から石油がなくなってはいません。それどころか、逆に新しい油田やシェールガスなどがどんどん発見されています。もちろん、永遠になくならないわけではありませんが、エネルギー不変の法則から考えて、人類がエネルギーを利用できなくなるような日はやってこないのです。石油枯渇の未来に怯《おび》えるのは、じつに馬鹿げた話です。

すでに述べたように、過去の記憶は本人に都合よくつくられています。

同時に、過去は現在からどんどん遠ざかっていることも、私は指摘しました。現実ではない過去のことを不安に思ってもしようがないわけですが、**現実でもない未来に不安を感**

じることも、同じくまったく意味がないのです。

さて、話を経済に戻しましょう。当たり前のことですが、景気や経済、あるいは社会の先行きに責任を持たなければならないのは、総理大臣であり、政府です。

私たち一般の国民はそんなことに時間と労力を割《さ》くことはできないため、選挙で政治家を選び、彼らにその責任を委《ゆだ》ねています。

ですから、景気や経済が落ち込まないように、あるいはより暮らしやすい社会を実現するために、私たちが心配したり悲観したりする必要はありません。

それは国家の仕事であり、私たちの自己責任の範囲には含まれていない仕事なのです。

もちろん、政府がいい加減で、心細いということはあるでしょうが、そのときは、次の選挙でその人たちに投票しなければいいわけです。

唯一、国家というマクロの視点で私たちが自己責任を負うとすれば、「この憲法が国民に保障する自由及び権利は、国民の不断の努力によってこれを保持しなければならない」(12条)という点でしょう。

この条文がいわんとしているのは、家畜のように奪われ、殺されてはならない、そのために不断の努力をせよ、ということです。私たちの生存権を脅かす権力の横暴に対して、日本国憲法は国民にはっきり「戦え」と命じているわけです。

さて、景気や経済の先行きに対して、日本人の多くは、底知れぬ不安感を抱いているといわれます。そのせいか、景気が悪くなっているわけでもないのに「景気が悪い」と思い込み、インフレに転じているかもしれないのに「デフレが続いて先行きの見通しがつかない」などと、非常に大きな勘違いをしています。

とくに中小企業の経営者の中に、先見の明がある人とない人の激しい落差があるように感じます。そして、そうした政府やマスコミの「景気が悪い」「デフレが続いている」の大合唱に騙《だま》される経営者に、先行き不安に人一倍悩まされている人が多いようです。

私は、今の日本は、かつてないほどの世界的な経済強国になったと考えています。円の価値はかつてなく強まり、他国の追随を許しません。

円高で日本経済が青息吐息だという話がありますが、それはほぼ100％眉《まゆ》つばです。すでに日本は内需国になっており、円高はデメリットではなく、非常に大きなメリットになっています。円高デフレで日本から海外への所得移転が進んでいるといわれますが、それ以上のスピードで日本企業は資源などの海外資産を我が物にし、日本に世界の富を還流させています。この凄《すさ》まじい経済のダイナミクスを見逃してはいけません。

もっとも、かりにこれ以上の円高が進んでいけば、国内の投資や雇用が奪われ、日本経済は停滞するかもしれません。

しかし、その経済循環の波は、私たち日本国民に等しく訪れることになります。読者のみなさんだけでなく、私にもやってくるし、中小企業だけでなく、一部上場の大企業や国際優良企業といわれる超大企業にもやってくることになるでしょう。日本人全員がその影響を受け、等しく不況になるわけです。

日本人全員の条件が同じなのに、経済の視界が先行き不明だという理由で、悩まなくてはならない必要があるでしょうか。

もちろん、会社が倒産したらどうしようとか、勤務先をクビになったらどうしようとか、考えることがおかしいとはいいません。

とはいえ、最善の努力をしているのに会社が倒産したら、それはそれです。長年勤めている大企業をクビになったら、それはそれです。そのときは、日本経済全体がそういう状態になっているのですから、自分も落ち込むし、隣の人も落ち込み、そのまた隣も例外ではありません。それを防ぐのは、首相であり政府です。

私たち個人が先回りして不安になる必要など、ひとつもないわけです。

社会の先行きについても、同じです。高齢化が進み、年金が不安だといいますが、それは高齢者に共通する不安です。自分だけがカヤの外で不安にさいなまれているわけではないし、少しでも安心なことを自分で用意すればいいのです。

過去の記憶を「娯楽」にする6つの方法

★悲しみ——「私のせいで、あの子を死なせてしまった」

人間は、さまざまな悲しみを抱えて生きています。

私は、悲しみの記憶から逃れようという人をあまり見たことがありません。

何かの事情でわが子を失ったというような人でも、その話の間は泣き叫んだりすることがあっても、それが終わるとわりとケロリとしています。

「私は、こう考えるようにしているんです」と、いろいろ突きつめて考えを進めているところがあって、前頭前野側からの介入もしっかりやっています。

悲しむこと、それ自体には何も問題はありません。

よくいわれることですが、悲しいときは徹底的に果てまで悲しむことが必要です。果てまで行けば、それを超えて悲しむことはなくなるし、あとは自らの力で癒えていくからです。

もちろん、それでもたまらなく悲しい時間はくり返し訪れることでしょう。

とくに、「わが子を死なせてしまった」というような場合には、自責の念に堪えかねるものでしょう。

私のところに訪れてアドバイスを受ける人も、ケロリとした顔で帰って行って、自宅でひとりになると、案外暗い顔をしているのかもしれません。

私がいつもいうのは「**悲しみは娯楽にしなさい**」ということです。

悲しい出来事を思い出して、悲しみに暮れることは、その人にしかできない娯楽です。

それを記憶から無理に消し去ろうとしなくていいのです。

ただし、悲しむために時間を浪費してはいけません。

自分がやるべきことをちゃんとやって、悲しむゆとりのあるときに、悲しめばいいのだと思います。

それは、映画館に悲しい映画を観に行くのと本質的には同じことです。

本当の悲しみの記憶がない人は、わざわざお金を払って映画館に行き、他人が演じる悲しみに感情移入しなくてはいけないのですから、それに比べたらはるかに幸せです。


私は、過去の出来事の記憶は、すべて娯楽にすればいいと考えています。

イヤなことを思い出して悔しがるのも、怒りで胸をムカムカさせるのも、鳥肌立てて恐怖に慄《おのの》くのも、すべてを娯楽にするのです。

娯楽という意識はないかもしれませんが、過去の出来事が思い出になるというのは、こういうことです。思い出になった記憶には囚われませんから、私たちはそれをいつでも好きなときに思い出し、好きな時間だけ浸っていることができます。

苦しいこと、辛いこと、悲しいこと、そういう思い出が心から大切だと思えるようになったとき、私たちはそれらの体験から、無条件に自由になることができるわけです。

ただし、イヤな記憶を娯楽にするためには、エフィカシーを下げるやり方でそれを思い出さないようにし、逆にエフィカシーを上げる方法を身につけることです。

たとえば、思い出すたびに、「自分がバカだった」とか「許せない」などと思うと、それはエフィカシーを思いっきり下げてしまいます。

そういう癖が身につくと、思い出に浸っているときだけでなく、あらゆる生活シーンで、エフィカシーを下げる口癖が出てきてしまいます。

コーチング用語ではこれを**セルフトーク**、つまり**自分に対して語る言葉**といいますが、これをエフィカシーが上がるようにやるか、下がるようにやるかで、その人の人生は天と地ほどの差が生まれます。

エフィカシーを上げる思い出の楽しみ方は、自分や相手を卑下するのではなく、「自分は、よくやった」「オレは、すごいヤツだ」というように、現在の自分を肯定する癖をつけることです。

記憶とのつき合い方の基本は、
◇「結果論で過去の出来事を後悔しない」
◇「前頭前野を働かせ、それを評価する」
◇「前頭前野側からの介入に上達する」

郵便はがき

料金受取人払郵便

牛込局承認

2000

差出有効期限
令和4年5月
31日まで

162-8790

東京都新宿区揚場町2-18
白宝ビル5F

フォレスト出版株式会社
愛読者カード係

フリガナ お名前	年齢　　歳 性別（男・女）
ご住所　〒 ☎　（　　）　FAX　（　　）	
ご職業	役職
ご勤務先または学校名	
Eメールアドレス メールによる新刊案内をお送り致します。ご希望されない場合は空欄のままで結構です。	

フォレスト出版の情報はhttp://www.forestpub.co.jpまで!

フォレスト出版　愛読者カード

ご購読ありがとうございます。今後の出版物の資料とさせていただきますので、下記の設問にお答えください。ご協力をお願い申し上げます。

●ご購入図書名　「　　　　　　　　　　　　　　　　　」

●お買い上げ書店名「　　　　　　　　　　　　　　　」書店

●お買い求めの動機は?

1. 著者が好きだから　　2. タイトルが気に入って
3. 装丁がよかったから　　4. 人にすすめられて
5. 新聞・雑誌の広告で(掲載誌誌名　　　　　　　　　　)
6. その他(　　　　　　　　　　　　　　　　　　　　　)

●ご購読されている新聞・雑誌・Webサイトは?

(　　　　　　　　　　　　　　　　　　　　　　　　　)

●よく利用するSNSは?(複数回答可)

☐ Facebook　☐ Twitter　☐ LINE　☐ その他(　　　　　)

●お読みになりたい著者、テーマ等を具体的にお聞かせください。

(　　　　　　　　　　　　　　　　　　　　　　　　　)

●本書についてのご意見・ご感想をお聞かせください。

●ご意見・ご感想をWebサイト・広告等に掲載させていただいてもよろしいでしょうか?

☐ YES　☐ NO　☐ 匿名であればYES

◇「わざわざ自分に不利になるように統合しない」
◇「後悔は無意味ということを知る」
◇「過去の記憶はすべて娯楽にする」の以上6つです。

これらの方法を身につければ、どんなにイヤな記憶でも、その人を惑わせたり拘泥させたりするほどの力をまず持ちえません。ですから、読者のみなさんは、私がここで紹介した方法をしっかり学び、自分のものにしてください。

それでもなお、みなさんのなかに過去の記憶に苦しんでいる人がいるとしたら、むしろ、それはその人の自我がそうさせているといえます。

自我というと、他人がふれることのできない、その人の本質的なものであるかのように受けとることでしょうが、記憶が書き換えられるものであるのと同様に、私たちは自我についても素朴な理解ではすまされない時代を生きています。

次章ではさっそく、**自我と記憶の問題**に分け入っていくことにしましょう。

第3章

その「自我」があなたを不幸にする。

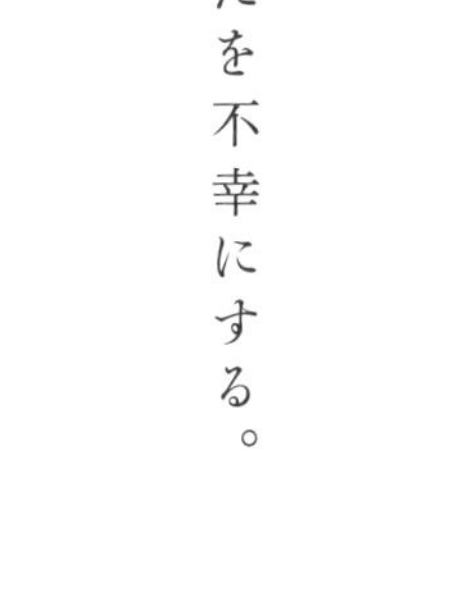

他人からの刷り込みを
自分の自我だと
思い込んでいないか

It is likely your "ego" is
actually imprinted by others.

希薄な人間関係がイライラの原因になる理由

もはや驚くようなことではないのかもしれませんが、先日、中学生らしき男の子が電車の中でこんなことをいっているところに居合わせました。

「**友だちが一番、信用ならないからな**」

その中学生は、学校からの帰りなのか、何人かの仲間と乗っていました。

その仲間と何を話していたのかはわかりませんが、このセリフだけがはっきりと私の耳に届きました。

仲間はそれを聞いて、顔色ひとつ変えずに頷《うなず》いています。

「友だちが一番、信用ならない」という中学生と、それを肯定する仲間。

私は、そのグループが互いをどのような間柄と考えて群れているのか、とても不思議に思いました。同級生か同じクラブに所属する仲間なのでしょうが、おそらく互いを友だちだとは思っていないのでしょう。

それにしても、中学生が、友だちが一番、信用できないという認識に到達しているのですから、すごい話です。

人間関係が希薄で、互いに干渉することを好まないというのは、現代人に特筆すべき特徴のひとつだといわれます。

私の経験では、「うちの会社はどこに地雷が埋まっているかわかりませんからね」というビジネスマンの声が聞こえるようになったのは、90年代からのことです。

これは、「会社の命で責任ある仕事を任されても、地雷を踏むことがよくあるから、あまりしゃにむに突進するな」という意味です。

私が若いころは、会社に仕事を命じられたら行け行けどんどんで、先輩同僚はもとより、他部門の人たちも快く協力してくれたものです。

ところが、そんな幸せな時代は去り、いまではその気になって突進すると、どこからか思わぬ横やりが入ったり、梯子《はしご》を外されたりして痛い目に遭うというわけです。

日本の企業のすべてがすべてではないでしょうが、こういう組織が増えるにしたがって、社内における信頼関係が薄れ、コミュニケーション不足が起こり、自分の守備範囲のことだけ頑張っていればいいという風土が生まれてきたように思います。

これでは、「友だちが一番、信用できない」という中学生が現れるのも当然かもしれません。

なぜこんな話をするかといえば、**現代人が抱えるイライラの大きな原因はここにあるのではないか**と、ひとまず指摘しておくためです。

人間関係が希薄で互いに干渉しないという状態は、本人にとって、決してリラックスできる状態とはいえません。

なぜなら自分の身を守るために、つねに周囲の様子や情報に気を配っていなくてはならないからです。

本当はやらなくていいこと、やるべきでないことに細心の注意を払わなくてはならないわけですから、それがストレスになるのは当たり前のことです。自分の守備範囲のことだけをやり、相手のことはお構いなしなら、面倒が少なくていいと思うかもしれませんが、そうではないのです。

そのため、現代のビジネスマンはずいぶん細かいことまで記憶しておかなければならなくなりました。

役員たちがどんな思惑を持っているかとか、うちの部長はクセがあるから直球を投げちゃだめだとか、あの先輩はポジショントークが多いから話半分に聞いておいたほうがいいとか。まるで登場するキャラクターたちの行動や性格を利用して得点を重ね、ステージをクリアしていくロールプレーイングアドベンチャーゲームのような日常を送らなくてはいけないわけです。

これでは、つまらない記憶が澱《おり》のように溜まり、イライラが高じるのも無理はありません。そして、考えがまとまらなくなったり、本筋が見えなくなったり、正しい判断ができなくなったりもするに違いありません。

情報過多がイライラの原因ではない

かつては、**現代人のイライラの原因は情報過多だとする説**がありました。

携帯電話、メール、ツイッター、フェイスブック……、いまや私たちは、昔日《せきじつ》とは比較にならないほどの通信手段を持ち、さらにそれらを通じて寄せられる情報量は膨大です。

私たちはその情報洪水に呑まれ、心の平穏を失ったのだ、というわけです。

しかし、私は違うと思います。

インターネットの発達によって、私たちは膨大な知識を持つようになりました。日本と中国で問題になっている尖閣列島について、その歴史的な背景を知ろうとすれば、かつては関連の文献を取り寄せ、何冊も本を読み、日中間でどのような主張がくり返されてきたか、時間と足を使って調べなければなりませんでした。

大学生が1年かけてそれを調べても、おそらく満足な論文は書けなかったことでしょう。ところが、今は、インターネットを検索すれば、日中の間の主張はものの2日、3日で理解することができます。文献や本を取り寄せるのもネット注文ですむし、どこに行けばどんな古文書があるかということもわかります。論文にまとめる時間はともあれ、ざっと2カ月もあれば誰とでも議論ができるような満足な知識を身につけることができるでしょう。

この例が示すように、欲しい情報はいくらあっても、私たちは何も困りません。いくら膨大な情報があるとしても、私たちはそれをどんどん咀嚼《そしゃく》して必要な情報とそうでないものに分け、自分の血肉に変えてしまいます。かつて本を読み過ぎて死んだという人がいたためしがないのは、道理なのです。

では、情報洪水と呼ばれている、一方的な情報の流入が問題かといえば、これもたいしたことではないと思います。

私たちの脳は、記憶のメカニズムがそうであるように、重要な情報しか受け止めません。

いくら津波のように情報が押し寄せるといっても、情報が私たちを物理的に押しつぶすわけではないのです。

私たちは、重要ではない情報を右から左にスルーして、それで話はお終《しま》いでしょう。

情報洪水が現代人のイライラに、ストレートに結びついているとは、やはり考えにくいのです。

とすれば、つまらない記憶が澱のように溜まってしまうという悩みを、現代人はなぜ抱えてしまうのでしょうか。

目の前の世界はあなたの「重要度」で成り立っている

煩悩《ぼんのう》という言葉があります。

これは仏教の教えにある言葉で、その意味は、人間の心身の働きを乱し、悩まし、知恵を妨げる心の働きのことです。人間が抱く、個人的な欲望と理解すればいいでしょう。

ここで私がいいたいのは、煩悩があるからつまらない記憶に悩まされるのだ、という話ではありません。

私たちが、この世界をどう認識しているかという話です。


実は、お釈迦さんは、煩悩を持つ人間はありのままの世界を見ているわけではないということを、およそ2500年もの昔に看破《かんぱ》しました。

人間は煩悩の目で見ており、したがって生の世界というものを見てなどいませんよ、といったわけです。

こうしたお釈迦さんの考え方は、認知科学が生まれた現代では、たいへんに先進的な思想だと評価されています。

認知科学以前には、物理世界という本物の世界と、仮想世界という偽物の世界があり、バーチャルリアリティはその偽物の仮想世界をいかに本物の物理世界に近づけることができるかということを問題にしていました。

ところが、認知科学が生まれると、人間の脳にとってリアリティとは何かが解明され、物理世界と仮想世界の間に何ら差はないということが明らかになりました。

なぜなら、視覚野から入ってきた情報が本当に脳にそのとおりに見えているかといえばそうではないし、逆に、視覚野から入ってきていない情報でも脳が「見えた」と認識するからです。

私たちの認識は、情報として認識しているだけであって、その情報に物理的な実体があろうがなかろうが、脳にとってはどうでもいいわけです。

このように認知科学は、**物理世界も仮想世界もすべてが仮想だという認知のカラクリ**を明らかにしました。

人間はそのなかで、いま臨場感が上がっている世界を現実と認識するわけです。

お釈迦さんの思想は、認知科学が明らかにした認知のカラクリをまさに言い当てています。お釈迦さんは2500年も前にそんなようなことを考えついていたのですから驚きます。

さて、人間が煩悩の目で世界を見ているということは、言い換えると、その人の知識が世界を見ているということです。

かりに、目の前に焼き物の器があり、それが物理的世界であることは疑いないとしても、それは見る人の知識によってまったく違って見えます。

たとえば、それが唐三彩《とうさんさい》であると知っている人と知らない人、当時の釉薬《うわぐすり》や窯《かま》のことを知っている人と知らない人。知識がある人は、それを見た瞬間に、どのくらい高貴な人の埋葬品に使われたものかということまでわかります。

一方で知識のない人は、そういうことがまるでわからないだけでなく、ここに唐三彩があるということさえ気づかないでしょう。

つまり、**その人の知識が重要度を決め、人は重要度の高いものしか認識しません。目の前の世界は、その人が重要だと思うもので成り立っているということです。**

果てしない煩悩が満たされない気持ちをつくる

とすれば、つまらない記憶ばかりをくり返し思い出し、あるいはつまらない考えばかりが浮かんでイライラする原因は情報過多ではありません。

イライラの原因は、自分で重要度を高めているものが多すぎるということなのです。

重要度が高くなければ、認識にのぼってこないし、それが澱のように溜まっていくこともないからです。

問題は、なぜ自分で重要度を高めているものが多いのか、ということでしょう。

おそらく読者のみなさんは、その理由は煩悩が多いダメな人間だからだ、と考えるのではないでしょうか。

しかし、よく自分のそれを顧みて欲しいのですが、ひとりの人間が持つ欲望など、じっさいはたかが知れています。あれも欲しい、これも欲しいと希《こいねが》っているうちが花で、いざそれを手に入れてしまうと、「なんだ、こんなものか」と欲望がたちまち欲望でなくなって、さびしい思いをする経験は誰しもあるはずです。

たとえば、私が思い出すのは芥川龍之介の『芋粥《いもがゆ》』という短編小説です。

子どもからも「赤鼻」と呼び捨てにされる平安時代のだらしない侍が、当時のご馳走《ちそう》とされた芋粥を腹いっぱい食べてみたいと思っています。

それを聞いた藤原利仁という武将が、望みをかなえてやろうということになりました。招かれた先で、その侍の前に芋粥がこれでもかとばかりに提供されていきます。その侍は、やがて芋粥を食べることが苦痛になり、ついに食べなくてもいいという許しが出ると、心から安堵《あんど》します。

それは、心ゆくまで芋粥を食べたいという夢を失うことと引き換えに許された安堵である、という残酷な小説です。

煩悩とはつまらないものである、といいたいのではありません。

私は、もっとお腹《なか》いっぱいになりたいとか、もっとおいしいものが食べたいとか、**自分自身の中から発せられた欲望を満たそうとすることは、決して悪いことではないと考えています。**

いざ欲望を満たしてみると、それがつまらないものに映り、それが次の欲望を膨らませていくエンジンになったとしてもいいのです。

それが進歩や成長というものであり、人間はそうやって一歩一歩、自分が本当にやりたいことは何か、本当に成し遂げたいことは何かを理解していきます。

一般に、芥川の『芋粥』は、救いようのない絶望を描いた作品と理解されています。

しかし、私は、だらしない侍がつまらない夢を失った瞬間に、その男に本当の目覚めが訪れたのではないか、とも思います。夢を失うことによって初めて手に入れることのできる夢というものが、人間には必ずあるからです。

その意味で、私は人間の煩悩を否定することはできないと考えているわけです。

他人の煩悩を自分の煩悩と錯覚する

人間は、自らの欲望を満たしてやることで成長する。

これは真理だと思います。

ところが、現実の世界を眺めてみると、欲しいものを得たその結果に満足せず、成長もせず、不満と不安にさいなまれている人がなんと多いことでしょうか。

自分で重要度を高めているものが自分の中にたくさんあり、しかもそれをひとつひとつ満たしているにもかかわらず、幸福になることもなく、目覚めもしないのです。

その理由は、おそらく1つです。

自分の煩悩ではないものを、誰かによって脳に刷り込まれ、それがさも自分の煩悩であるかのように勘違いさせられているからです。

今、意識にのぼる、自分で重要度を高めているさまざまなものは、実は自分ではなく他人がインプットしているということです。

これはどういうことか、具体的に考えてみましょう。

他人の煩悩が刷り込まれる最もわかりやすい例は、**テレビのCM**です。

クルマのCMを例にとると、そこには一定の制作上の法則を見てとることができます。

CMでは、クルマの形状をかっこよく見せたり、高性能をアピールしたりするのは当然ですが、その映像にはクルマとは関係のない、いくつかの仕掛けが必ずくっついています。

たとえば、運転席の前に広がる美しい景色。助手席からこちらに、にこやかな笑顔を向ける美女。そして、後部座席に従えた立派なブランド犬のペット。

視聴者には、まるでそのクルマに乗ればそういう世界が手に入るかのように感じられます。それが、新型車のCMのオーソドックスな訴求方法になっています。

現実には、視聴者が走るドライブコースにそんな見事な景色はないし、美人のカミさんや恋人がいるわけでもないし、ブランド犬に釣り合うような社会的地位もありません。

すると、何げなく新型車のCMを見ている視聴者は、知らず知らずのうちに自分の現状に対して不満を募らせるようになります。本来その不満は、仕事にもっと懸命に取り組んだり、家族にもっと愛情を注いだり、人生に対する考え方を改めたりしなければ解消するものではありません。

ところが、CMの視聴者は、「**古いクルマに乗っているから、自分の生活がパッとしないのだ**」と、まんまと勘違いしてしまいます。

そして、本当の欲求があるわけでもないのに、次の週末にはのこのことショールームに出かけ、ディーラーの勧めるままに試乗してしまうわけです。

視聴者の煩悩は、仕事で成功したいとか、もっとはつらつとした家庭を築きたいとか、自分の生活に向けられたものであるはずです。

ところが、その本来の煩悩は、いつのまにか、CMをつくった企業や製作者の意図によって、新しいクルマが欲しいという煩悩にすり替えられてしまいます。

これが、他人の煩悩が刷り込まれる仕組みです。

人は、刷り込まれた他人の煩悩を満たしても、本当の満足感を得ることはできません。

そのため、新型車を買ってしばらくすると、購入当初の満足感はものの見事に消えてしまいます。

それはそうでしょう。新型車でドライブに行っても、目の前に美しい景色が広がることはないし、助手席に乗っている妻や恋人は疲れてどことなく不機嫌です。

仕事も相変わらずでペットを飼う余裕などあるはずもなく、ハンドルを握っていても気になるのは明日の仕事のことばかりです。

煩悩を満たしたはずなのに、ちっとも満足を得られません。

そうやって、ふたたび不満の種がまかれていきます。2年もすると、その人はまた新型車のＣＭに突き動かされて、**「もっと高価なクルマが欲しいなあ」**と思い始めるわけです。

マスメディアが人のエフィカシーを狂わせる

こうした他人の煩悩の刷り込みは、そのほとんどがテレビなどのメディアに由来しています。メディアは人々に、**「これは、重要度が高いですよ」**という情報を毎日のようにささやきかけます。

これは、ＣＭにかぎられた話ではありません。

時代劇を見れば、そこにはつねに正しい権力者が描かれています。弱き町民は、権力者のいうことに忠実に従い、多大な犠牲を払って勧善懲悪《かんぜんちょうあく》の大望を成就します。それが正しい道であり、そうすることが重要だ、と現代の人々に刷り込んでいます。

時代劇を見ない若者層に向けては、テレビはサスペンスなどの現代劇で同じことを刷り込みます。巨悪を暴く正義の味方が権力者の中にもいて、最後は必ず巨悪に勝つわけです。

権力者がどんなにうまいことを言っても、絶対に従ってはならないとは教えないし、まして、弱い人間や知識のない人間はどんな場合でもつねに利用されるだけだという本質を伝えることもありません。とにかく、権力者に従うことが「重要ですよ」と、くり返し、くり返し刷り込むわけです。

また、**バラエティやお笑いでは、面白おかしく脚色したどうでもいいような話を、視聴者に「重要度が高いですよ」と刷り込みます。**

スタジオでちょっと真剣な話が行われると、そこにお笑いタレントの「世の中こうせなあかんとか、そんな難しいこと考える暇あんねんやったら、オレは目の前の焼酎が飲みたいねん！」というリアクションがかぶせられます。

同時に、人々が爆笑する効果音が流され、「重要ですよ」と刷り込みます。

すると、視聴者もそれに倣《なら》おうとします。

今度のボーナスで何を買うか、明日のデートでどのレストランに行くか、そういうことで頭を満たしていればいいと感じるわけです。

かねてより、私はこうした刷り込みシステムのことを「電通」と呼んできました。国民を飼い慣らし、消費の奴隷にするシステムです。

ドラマやバラエティにこうした刷り込みはつきものだとしても、たいていの国民は、ニュースや報道番組は「電通」ではないだろうと思っています。

しかし、それは甘い考えです。

ニュースだって、権力者に都合の悪いことは流しません。政府の政策に国民の多くが反対していても「国民も賛成している」と言いくるめたり、印象操作したりが当たり前に行われています。

たとえば、以前話題になっていたセシウムがそうです。

福島の原発事故で関東にセシウムが大量に降ったという理由で、関東東北から関西に避難する人が増えているという報道番組がありました。こういう国民の行動が風評被害を拡大しているといいながら、その一方で、「もっと早期の収束に手を尽くさなければいけない」ともいうわけです。それを観た視聴者は「たいへんだ」と不安にかられて当然でしょう。

事故を小さく見せようとする政府にまず問題があると私は思いますが、政府の意図に従うばかりのマスコミにも問題が大ありです。

本当は、真っ先に国民が参考にすべき格好のデータがあるにもかかわらず、それを番組で流そうとはせず、放射性物質の問題を曖昧にしようとするのです。

実は、全国の自然放射線量の分布図を見ると、関西以西の方が、関東よりも、放射性物質の沈着が明らかに多いという事実があります。

その理由は、広島、長崎に落とされた原子爆弾のせいと考えられます。

放射性物質には半減期があり、たとえばセシウム137の放射線量が半減するには30年かかります。半減期は核種によって異なり、ヨウ素131のようにきわめて短い半減期を持つものは稀で、たいていは100年から200年、プルトニウムのように2万5000年の半減期を持つものまであります。

したがって、原爆が落とされてから70年にも満たない現在、関西の放射線量が高いのは当然です。

ということは、いくら原発事故が今も進行中だからといって、西に逃げることは無意味でしょう。もちろん、かつての中国の核実験の影響もあります。加えて、過去に深刻な放射能漏れも起こした国内の原発もおそらくいくつもあるはずです。その意味では、逃げるなら、泊原発しかない北海道の、そのまた北の方に逃げたほうがいいわけです。

このように、避難の問題を深く掘り下げると、隠し続けてきた原子力行政のボロがどんどん出てきてしまいます。

そこでテレビは、「避難の動きは拡大していますが、政府の対応をしっかり見守っていくしかないですね」と、わけのわからない報道に終始します。

ここでも、国民から判断のよりどころを奪い、権力に従うよう重要度を操作しているわけです。

他者による「重要だ」という情報があなたをイライラさせる

「重要ですよ」という刷り込みが何年、何十年も行われ続けると、それが人間の前頭前野のパターンをつくり出します。

思い出していただきたいのですが、これは、先生の名前が会話の中に出てきただけでブルブルと震えがくる、登校拒否児童の前頭前野のパターンと同じことです。

しかし、この場合の問題は、自分の経験によってではなく、外からの情報によってつくられるという点でしょう。

「マスコミが取り上げていることは重要度が高いことだ」というパターンがつくられると、他人の煩悩をどんどん受け入れるようになっていきます。

実際、私たちの消費行動はそうやって生み出されています。嘘だと思うなら、自分の家の中をじっくり眺め回してみるといいでしょう。

ほとんど袖《そで》を通していない洋服やほったらかしの服飾品、ホコリにまみれたツーリング自転車、使いもしない立派な工具、ほんの数回たこ焼きを焼いただけの本格的なたこ焼き器、そんなものがごろごろして山をなしているはずです。

そうしたタンスの肥やしのひとつひとつは、何か動機があって購入した物です。

しかし、買って数日もたつとまったく関心がなくなり、ふと気づくと購入した動機さえわからなくなっています。

「こんなものをなぜ買ったんだろう?」と、きつねにつままれたような気持ちがします。

なぜこんなことが起こるのかといえば、動機そのものが、前頭前野のパターンによってつくり出されているからです。

これは、会話の中に先生の名前が出てくるだけで震えが出る登校拒否児のようなものです。登校拒否児には、何がトリガーになって自分が震えているのか、よくわかりません。

それと同じで、「**重要ですよ**」**とさんざん刷り込まれ、それが前頭前野のパターンになってしまった人も、なぜ自分がそれを重要度が高い情報だと思っているのかよくわからないわけです。**

私は、これが現代人のイライラの原因とされる情報過多の正体だと思います。

つまらない記憶ばかり思い出すのも、つまらない過去の出来事の記憶に悩まされるのも、その原因は、情報が洪水のように押し寄せることではありません。

それは、前頭前野のパターンになってしまうほどたくさんの、自分が重要だと思う情報が、外から刷り込まれていることが原因なのです。

他人の刷り込みでつくられる自我

つまらない記憶が澱のように溜まるという問題をここまで考えてきて、私たちは、大きな問題に突き当たります。

それは、**自分が重要だと思っている情報とはいったい何だろうか**、という問題です。答えを先にいえば、それは「自我」ということになります。とっつきにくい言葉かもしれませんが、自我とは、自分が自分をどう認識しているかという内容のことです。

たとえば、「あなたは、どういう人ですか」と問われた場合、「私の名前は、○×で」「私の生まれは、△×で」「私の仕事は……」というように、私たちは自分にとって重要だと思う情報を並べて自分がどういう人間かを伝えます。

父親は誰で、母親は誰で、好きな食べ物は何で……どんな情報でもいいわけですが、それは全部、自分にとって重要な情報だと思っていることです。

そうやって、**自分で自分のことを定義したものが、自我です。**

私は、自我とは重要性の評価関数であると定義しています。

つまり、**自我とは、宇宙のすべてのものを重要性の順番で並び替える関数のことなのです。**

だから、他人と自分とでは重要だと思っていることの順番が異なり、自我も違うわけです。

さて、**自分が重要だと思っている情報が外から刷り込まれているということは、自我も他人によってつくられているということにほかなりません。**

自我というと、たいていの人は自分固有のものであると考えていますが、実際は他人の刷り込みが勝り、自分固有のものはほとんど表に出ていない可能性が高いのです。

これは、恐ろしいことです。

このことに関連して、先日、私はとても気味の悪い体験をしました。


私の事務所のすぐ近くに、行きつけの喫茶店があります。

私は毎日、この喫茶店で何人もの人と会い、仕事の打ち合わせや相談事に応え、長いときには5時間、6時間を過ごします。来客は1日に20人くらいあり、全員が1杯、2杯のお茶を飲んでいくし、食事もします。そのため、私はすでに何百万円も使い、なおも1日2万円を超す喫茶店代を使い続けている、一番の常連さんです。


ある日、いつものとおりにそこで人と打ち合わせをしていると、従業員がこういいました。

「**きょうは日本戦があるので、貸し切りなんですよ**」

午後6時からは貸し切りだというわけです。

それで追い出されたのですが、ただの「貸し切り」ではなく、これは日本戦だから席を立ってもらうのは当然であるというニュアンスです。

その日本戦というのは、サッカーの試合です。サッカーの試合があることも、日本がどこと対戦するのかも、知りませんでした。

ところが、その従業員は、日本戦には何百万円も注《つ》ぎ込んでいる常連を簡単に追い返せるほどの権威がある、と当たり前に感じているわけです。

その従業員のこの自我は、おそらく「電通」の権力が生み出したものでしょう。

テレビをつければ、連日のようにタレントや似非《えせ》文化人たちが「日本戦を見なければ日本人じゃない」というような言説をのたまっています。

彼らがそうしているのと同じように、「日本戦がある」と一言いえば、たとえどんな常連客といえども「それならいたし方ないですね」と文句も言わずに納得して当然と思っているのです。

アメリカでは、大戦前から国内向けに**3S政策**というものを行ってきました。

3Sとは、**スポーツ、セックス、スクリーンの頭文字の3つのS**です。

その3Sを与えてやれば、国民は考える能力を奪われて、国を楽に統治することができるというわけです。

GHQは戦後、それを日本でも行いました。

すると、日本人はアメリカ人と同じようにハマり、それが現代の日本政府にも脈々と受け継がれてきました。

それは、**政府が意図的にそういう政策をとり、長い時間をかけて洗脳を行い、国民一人ひとりにそういう前頭前野のパターンをつくりあげているということです。**

だからこそ、その従業員にとって、当たり前のことになっているのです。

常連を追い出すのも当たり前、店が貸し切りになるのも当たり前、「日本戦」という言葉の意味を相手が理解するのも当たり前、誰からも文句をいわれないのも当たり前、日本人全員が日本戦に熱中するのも当たり前。


しかし、私にいわせれば、サッカーをやったこともない人間が試合を見て面白いと感じること自体が何かおかしいのです。

あるいは、日本が勝った、負けたといって、歓喜するようなことでも悲哀を感じるようなことでもありません。そこで、歓喜したり、がっかりすることが「日本人」なのだと、「電通」に刷り込まれているだけです。

もちろんこう書いていても、日々テレビを見て完全に「電通」に取り込まれている人たちは、私の発言を不快に思うだけでしょう。

スポーツにかぎらず、刷り込みによってつくられた自我によって、私たちはあらゆることで踊らされています。

イヤな記憶や、つまらない記憶ばかりが溜まっていくという悩みも、自我がそれを思い出させています。要するに、**あなたの自我があなたを不幸にしているのです。**

なぜ不幸にしているかといえば、自分で重要だと思っていることは、もともとそう簡単に手に入らないものにしてあるからです。いくら強く望んでも、誰もがワールドカップで優勝することはできないし、優勝しなければ不幸を感じるように、きちんと仕組まれているからです。

自我を変えるには
テレビを捨てろ

とすれば、私たちは、その点から直していかないといけません。方法としては、自我を変えるということです。

自我を変えるというと、難しそうに聞こえるかもしれませんが、これは意外と簡単です。

自分にとって重要な情報を変えればいいのです。

具体的には、私がいつもいっているように、**テレビを捨てる**ところから始めます。

テレビのある生活を長年続けている人は、「本当にテレビなしで生活ができるだろうか」と思うかもしれません。仲間と一緒にいればテレビ番組の話題が出るし、仕事をする上でも「あの番組、観た？」と、上司に訊かれるかもしれません。

観ていないと答えれば、「なんだ、お前、アンテナ低すぎるぞ」と嫌みのひとつやふたつ浴びせられることもあるでしょう。

しかし、そんなことは気にするに値しません。

一方的にテレビが流す情報は、すべて誰かが視聴者を利用する意図をもって、お茶の間に提供されています。それを観たということに、そもそも価値はないのです。

それならば、「誰が、何を、いつ、どこで、どうした」という情報を新聞やインターネットで読むほうが、圧倒的に重要です。

そして、それがどんな状況で起こったことか、今後どのような影響を及ぼすか、自分であれこれ想像力を働かせたほうが、よほど正しく世の中の動きを捉えることができます。

しかも、刷り込み抜きで。

読者のみなさんも、ある程度の年齢になればわかると思いますが、大企業の経営者や大学教授、あるいは弁護士や医師など社会的に高い地位を持つ人で、テレビを観ている人はほとんどいません。自宅にテレビが1台もないという人も、まったく珍しくありません。ニュースを追いかけなければならないときはインターネットがあるし、ふだんは新聞を読んでいるだけで300％間に合います。

ですから、**テレビを捨てましょう。**

テレビを観ない生活を1カ月も続けると、自分にとって重要なことが、どんどん変わっていくのを実感することができます。

あれも欲しい、これも欲しいと思っていたのに、まったく欲しくなくなった。あるいは、くよくよすることがなくなった。たいへんだと思って悩んでいたことが、取るに足りないことだと思えるようになった、などなど……。

自分にとって重要なことが変わるから、このような変化が生まれます。当然のことながら、イヤな記憶やつまらない記憶が溜まってやりきれない思いがする、ということもなくなります。**他人の煩悩を自分の煩悩のように勘違いし、それをきっかけにして自分でその**

重要度を高めるという悪循環が鎮まるからです。

「日本戦」と騒ぐタレントや似非文化人たちのから騒ぎを観なくなれば、「日本戦」に関心はなくなるし、私のように、「日本戦」を盾にする相手のことを気味悪く感じるようにもなるでしょう。具体的に、そういう変化が起こるわけです。

逆に、本当に自分の関心が向かう先がはっきりしてきます。

たとえば、勉強がしたいとか、楽器の練習がしたいとか、あるいは家族にこういうことをしてやりたいとか。

そういうところに考えが向かうようになったときは、もはやイヤな記憶やつまらない記憶に悩まされる状態は卒業しているに違いありません。

第4章

悲惨な体験をトラウマにしない。

人間は危機に瀕すると
「ファイト・オア・フライト」、
戦うか、逃げるかという
脳の状態になる

At crisis, human action can be explained
by the concept "fight or flight".

クライシスサイコロジーがイヤな記憶を消す

東日本大震災が起こった翌月に当たる2011年4月、私は、苫米地ワークスが主催する学びの場で、**クライシスサイコロジー（危機管理心理学）**のクラスを開講することを決めました。

これは、主として精神科医や臨床心理士を対象にした講座で、その目的は、大震災の被災者が後々**PTSD（心的外傷後ストレス障害）**にかからないようにする方法を、専門家たちに伝授することでした。

実は、大震災が起こり、そこにさらに原発事故が重なったとき、私は、この災難を東北地方の人々がどう克服していくか、その道筋のことを思い浮かべました。

経済的な復興は個人の力ではどうにもならないかもしれませんが、少なくとも自分の専門分野であれば私も力を貸すことができます。

そこで、講座の開講を思い立ったのです。

ＰＴＳＤが予想されるということは、震災や原発事故の悲惨な体験によって、人々がトラウマを抱えるようになることも考えておかなければなりません。

当時は、最悪の場合、日本の人口の５割、６割がトラウマを抱えるリスクがあったのではないかと思います。私は、それを回避するための行動も急いでとる必要があると考えました。

そこで、私はクライシスサイコロジーの手法を使い、ブログやツイッターを通じて情報発信を始めました。この点は、ここでゆっくり説明していこうと思いますが、恐怖体験をトラウマにしないために何よりも必要とされるのは、人々にそれについての文脈情報を与えることだからです。

そのときの私のブログは、政府の関係者が毎日のようにプリントして官邸に届けたと聞きます。時の首相は、私が述べたことをほとんど受け入れてはくれなかったようですが、それをきっかけに中央政府、地方政府の職員などにもブログの読者が広まっていき、さまざまなレスポンスが返ってくるようになりました。

被災地の人々を間接的に援護し、復興の側面支援ができたのではないかと、今は満足しています。

クライシスサイコロジーは一般の人々にとっても、悲惨な体験を乗り越えて人生を健やかに前進させていくために、必須の知識です。

そこで本章では、クライシスサイコロジーを軸にして、読者のみなさんが悲惨な体験の記憶から自身を守る方法を紹介していきましょう。

緊急時に平常心を保つ4つの方法

クライシスサイコロジーというのは、アメリカの**CDC（疾病管理予防センター）**が中心となって進めている一種の危機管理プログラムです。

CDCというのは、たとえば細菌兵器や生物兵器によるテロ、あるいはエボラ出血熱のパンデミックといった疫病災害など、国家的な危機につながる疾病の感染拡大に対応することを目的の1つにしている機関です。

かりに重大な感染症が発生した場合、その感染拡大を予防したり管理したりすることはもちろん重要ですが、同時に、そのさいに国民に広がるパニック心理を抑制することがとても大切になります。

そこでCDCは、どうすれば人々に広がるパニック心理を抑制することができるか、その方法をホームページで公開しています。彼らは、国民に情報を公開し、知識を広く行き渡らせることが国家的な危機を乗り越える最善の方法だと、よく心得ているわけです。

さて、CDCが想定しているクライシスは疾病の拡大によるものですが、たとえば核攻撃や自然災害などの要因で起こるクライシスにも、彼らが公開したガイドラインは非常によく当てはまります。

彼らのガイドラインの中で、クライシスにさいして何が起こると予想されているか、主なものをピックアップすると次のようになります。

まず、人々全般に悲観的な感情が広がり、そのせいでコミュニケーションのしかたや内容が変わります。また、出来事に対する否定的な反応が、人々に否定的な行動をとらせるようになります。

否定的な行動としては、やる必要のないことをやらなければならないと考えるようになります。また、他人と特別な関係を結ぼうとし、依存心が高まります。

同時に、商業活動全般が縮小し、人々が急にわけもなく旅行をしなくなります。

また、人々の身体に異変が生じます。じん麻疹が出るなど、説明がつかない症状がからだに出てくる人が増えるのです。

さらに、人々は不安を解消する代償行為として、無意味なことをやるようになります。

CDCはその一例として、みんなでロウソクを点《つ》けてぐるぐる歩き回るという行為を挙げています。

こうしたクライシスは、人々の中で次のような段階を踏んで進んでいきます。

拒絶→恐怖→回避→希望の喪失

そして最後には、危機的状況を何度も何度も頭の中でくり返す心理状態を生みます。最悪の場合は、パニックが起こるわけです。

さて、CDCは、こうした事態に対処するための4つの基本原則を記しています。

要点だけを簡単にまとめると、次のとおりです。

まずはじめに、緊急事態が起こったときは、最初に「最悪の可能性を伝えなさい」とい

うこと。そして「それが時間とともに改善していっていることを数字で伝えなさい」ということ。

2番目に、政府は、たとえば「危機を収束させます」という約束をしてはダメで、むしろ状況の不確定性を人々に正確に知らしめ、その問題を解決するプロセスについてのみ伝えなさい、ということ。

3番目は、その後の取り組みによって、問題解決のプロセスが進んでいることや状況が改善していることを伝えるために、それを示すデータや数字を継続的に国民に与えていくこと。

4番目は、恐怖を認め、人々に目の前の恐ろしい事態に関連する文脈情報を与えなさい、ということ。

CDCは、この4つの基本原則を守るだけで、人心や社会の混乱は相当に鎮まってくると結論づけているわけです。

生命の危機は「ファイト・オア・フライト」で凌ぐ

私は、CDCの4つの原則は、機能脳科学的に見ても的を射たものだと思います。

人間は危機に瀕《ひん》すると、「ファイト・オア・フライト（Fight or Flight）」**という状態に置かれます。**「ファイト・オア・フライト」というのは、戦うか、逃げるか、ということです。

あなたは、山歩きをしているときに目の前にクマが現れたとすると、その危機を克服するために、瞬間的に戦うか逃げるかを判断しなくてはなりません。

この瞬間的な判断は本能的なものということができ、普段のように論理的に考えて答えを導き出す判断ではありません。今の服装では動きにくいかもしれないとか、逃げるときに笹で足を切らないだろうかなどと論理的に判断しようとすれば、一気にクマに襲われてやられてしまうでしょう。時間はないのです。

このような瞬間的な判断を必要とするときは、前頭前野が行う論理的な思考はむしろ邪魔になり、直感的な判断が得意な扁桃体などの大脳辺縁系に働いてもらわなくてはいけません。

そのため、クライシスがやってきて「ファイト・オア・フライト」の状況が起こると、人間の脳では前頭前野の活動が抑えられ、扁桃体を含む大脳辺縁系の活動が活発になるのです。

こうした**「ファイト・オア・フライト」の脳の状態を一言でいえば、IQが下がっている、ということです。**頭を使わなくなる、といってもいいでしょう。

これは決して悪いことではなく、「ファイト・オア・フライト」で瞬間的な判断が必要とされるときは、そうなっていなければいけないわけです。

クマの出現のように、戦ったり逃げたりしてすぐに結果が出ることなら、これで何も問題はありません。クマの襲撃から逃れることができれば、いつもの前頭前野の働きが戻って、IQが低下した状態はすぐに解消されていきます。

しかし、クライシスが長期間にわたった場合は、どうなるでしょうか。

かりに感染症が拡大し、1カ月たっても2カ月たってもその拡大が続き、政府も民間も何も有効な対策を打ち出せないとしたら、人々は「ファイト・オア・フライト」の状態に

釘づけにされてしまいます。

脳では、前頭前野の活動が抑えられっぱなしになり、代わりに扁桃体もしくは大脳辺縁系がいつまでも活発に活動することになります。

人々の活動が、まるで獣のそれのようになってしまうわけです。

すると、人々はどんどん無意味な行動をとるようになります。

当然のことながら、心身はすり減り、商業活動は落ち込み、まともな社会生活は送れなくなるでしょう。

そして、人々は、起こりうる最悪の状況を何度もくり返し頭の中で思い描くようになります。悪いことばかり考えて、恐怖に慄《おのの》き続けるわけです。

社会全体にこうした状況が蔓延《まんえん》した場合、長い時間をかけてクライシスを克服したとしても、非常に大勢の人々にトラウマを抱えさせたり、ＰＴＳＤを発症させたりします。

それは、もはや大規模な社会的二次災害というべき現象です。

そのために復興が遠のくだけでなく、社会や国家そのものが悪いほうへ変容しかねません。

機能脳科学的に見ても、クライシスが起こったときは、扁桃体もしくは大脳辺縁系の活動が優位な状態から、前頭前野の活動が優位な状態に、早く戻してやることが重要です。

ＣＤＣは社会全体をうまくコントロールすることをクライシスサイコロジーの眼目に据えていますが、ＣＤＣのガイドラインは、私がこれまで述べてきたことと重なる部分が多く、人々を前頭前野が優位な状態に導く有効な方法になっているのです。

「最悪の事態」を知ることが心を安定させる

福島の原発事故で政府がなにをするべきだったかといえば、まず恐怖の存在そのものを認めること、そして最初に最悪の事態はこうだということを伝えること、そして改善するためのプロセスを明らかにし、そのプロセスを踏んでいることをデータで示していくこと、さらには事故に関する文脈情報を国民に与えることでした。

建屋の爆発が起こったときに想定された最悪のシナリオは、炉心がすべて溶けてメルトスルーし、それが地下に潜り込んで地下水脈に届き、水蒸気爆発が起こるというものだったと思います。

政府は早い段階からメルトダウンが起こっていることを知りながら、何も説明しませんでした。最悪のシナリオを国民に知らせ、最悪の場合に環境中に放出される放射性物質の量やそれがどこに流れていくかという予測を明らかにしていれば、国民はその場で適切に避難することができました。

3号基建屋が爆発したときも、2号基、4号基が爆発したときも、そうした情報はいっさい出てきませんでした。

その後、注水が再開され、燃料の冷却ができるようになり、燃料棒取り出しの工程表を発表したまではよかったものの、国民にわかりやすい形でデータや数字を示すことはありませんでした。圧力容器や格納容器がどのような状態にあるかについても情報を開示しません。爆発した3号基のMOX燃料がどうなっているか、どのくらいの危険があるかについても何もいいません。

もちろん、廃炉に向けた工程表がどの程度達成されたかというフォロー情報もないわけです。

事故を小さく見せたいという政府と東電の意図はわからないではありません。

ところが、**これだけ情報を隠し、また隠そうとする意思があからさまだと、人間はかえって恐ろしいと恐怖を感じるものです。**

そして、恐怖を感じれば、「ファイト・オア・フライト」の状態になり、前頭前野の活動は抑えられ、かえっておかしな行動をとるようになるのです。

日本という国は、もともとクライシスサイコロジーが下手な国だったといえます。

しかし、現実にこれだけのクライシスが生じたのですから、「下手なんです」ではすまされません。

政府のクライシスサイコロジーの欠如が、国民の混乱に拍車をかけているわけです。

ＣＤＣのガイドラインにも、文脈情報を提供することが大切だとあるように、脳の働きからいっても、これほど重要なことはありません。

ここでいう文脈情報とは、関連する知的な情報です。私は当時、関連文脈情報として、「半減期とは何か」「モーメントマグニチュードとは何か」といった情報を大量にブログに流しました。実際、当時、私のブログを読んで、なぜか安心したという話を後からたくさん聞きました。

「ファイト・オア・フライト」の大脳辺縁系優位の情報処理を前頭前野優位に変えるには、文脈情報を読んで、前頭前野を働かせることが一番だからです。

前頭前野が働き出すと、すでにたびたび述べてきたように、大脳辺縁系の活動が抑えられ、前頭前野の活動が活発になり、その結果、人々からただちに不安や恐怖が消えていきます。

前頭前野側からの介入が行われるからです。

逆に、**文脈情報が与えられないために恐怖体験が長引くと、その記憶は長期記憶化し、トラウマ化していきます。**

クライシスにさいしても、その体験をトラウマにするか、単に役立つ失敗の記憶にするか、前頭前野側からの介入を行えるかどうかが天国と地獄を分かつのです。

夢が恐怖を増幅させる仕組み

私たちがどのようにして、恐怖体験をトラウマにしてしまうのか。

ここで、そのプロセスを考えてみましょう。

脳が受ける情報は、大きく分けて**知的情報**と**情動的情報**がありますが、情動的情報を記憶するときは前頭前野を利用していません。知的情報なら、前頭前野を使ってその情報をくり返すことで長期記憶化することができます。その代表例は、ご存じのとおり、勉強です。情動的情報は前頭前野でくり返したところで強化されることはないのです。

恐怖体験をしたときに、「それは歴史的に見て、どのくらいの恐怖体験と位置づけることができるか」とか、「今日の体験の中でも、このことがことさら恐ろしいと感じた理由は何だろう?」などと前頭前野を利用すると、情動的情報が強化されないばかりか、恐怖そのものがたちまち消えてしまいます。

では、**情動的情報が長期記憶化されるときに脳が何を利用しているかといえば、それはほとんどの場合、夢なのです。**

ご存じのように、私たちが眠っているときは、**レム睡眠**と**ノンレム睡眠**を交互にくり返しています。

レム睡眠とは、眼球運動を伴う睡眠であり、いっぽうのノンレム睡眠とは眼球運動を伴わない睡眠です。

私たちは、レム睡眠中に夢を見ています。

もちろん、ノンレム睡眠中には夢を見ないとはいいません。

しかし、たとえば成長ホルモンの分泌を促す脳内ホルモンの分泌が行われるのもノンレム睡眠中であることからもわかるように、それは脳の休息時間に当たり、夢を見ることはほとんどありません。

通常は、レム睡眠中に見ているわけです。

さて、私たちが何かを記憶するときに、その記憶はバラバラの情報として投げ込まれているということを、私はすでに指摘しました。

実は、今日起きているときに体験したことが過去の記憶の色形や動きとはまったく違ったものなのに、夜眠っているときに、それを過去の記憶の色形や動きと同じと認識することはいくらでもあります。

レム睡眠では、今日の記憶と過去の記憶を照らし合わせて、それを分類して整理する作業が行われています。それが夢の働きです。

ところが、夢を見ている人にとっては、脳内でバラバラになっている記憶を統合するときに、1つの場面と別の場面の関連性を精査して分類、整理するわけではありません。夢を見ている本人は、バラバラの記憶が相互にどう関連しているかなどわからないまま、それを現実としての夢の絵に統合しています。

そして、出来上がった恐怖体験の夢の絵を、扁桃体と海馬が増幅して長期記憶化していくことは、よくあることです。

つまり、**情動的情報は、レム睡眠のなかで扁桃体と海馬が情報をやりとりして恐怖のボルテージを上げ、その増幅された恐怖によって長期記憶が生み出される可能性があります。**それが震災や原発事故といったクライシスであれば、その可能性はなおさら高いといわなくてはなりません。


夢を見ることで、勝手にこうした長期記憶がつくり上げられることは、自分でコントロールすることはできません。

情動的情報は、このような形で夢を見るたびに側頭葉にくり返し投げ込まれ、長期記憶化されていくわけです。

ただし、夢の中で勝手に恐怖をつくり上げていくことを、止めることはできます。

どうするかといえば、恐ろしい記憶として体験させなければいいのです。

つまり、前頭前野側からの介入によって、体験を分析的で知的な記憶に変えてしまうわけです。

具体的には、**文脈情報を与えてやることで、恐怖体験を知的情報に変えてしまいます。**

もちろん、恐怖の感情はぶり返してくるかもしれませんが、そのたびに文脈情報を与えてやることによって、扁桃体と海馬による増幅を抑えていくのです。

それを続けていくうちに、恐怖の情動的情報は長期記憶化されず、ＰＴＳＤとはなりません。

たとえば、大震災でものすごい地震に遭って震えている子どもがいたとすれば、「ものすごく揺れたね。こんな経験ができる人はいないよ。面白かったね」と親がいってあげればいいのです。

あるいは、「上から物が落ちて危ないから、次に起こったときはヘルメットをかぶるんだよ」でもいいでしょう。

子どもの前頭前野を働かせてあげることです。

また、家族を失ったというような一見、救いのない場合でも、「お父さんとお母さんが、君を助けたんだ。だから、それを忘れずに生きていこうね」でいいのです。

もちろん、震えている当事者が大人であるときも、取り組み方は同じです。

記憶が長期記憶化するために必要な期間は、ふつう３カ月から半年で、場合によっては

1年かかります。もちろん、最短なら1週間から2週間で長期記憶化する場合もありますが、それはごく稀なケースです。

とすれば、東日本大震災がトラウマになるかならないかは、その年の夏を迎えるまでがひとつの勝負どころでした。

そこで、私はブログを通じて文脈情報を発信し、そのいっぽうでクライシスサイコロジーの講座を開き、被災者がPTSDを発症したりトラウマを抱えたりしないために手段を尽くしたわけです。

ブログで発信した文脈情報に対しては、実際さまざまな人が反応してくれました。なかでも多かったのは「すごく安心しました」という声でした。

私は、安心することは何も書いていません。むしろ、原発が想定内の震度で過酷事故が起きたことを指摘するなど、安心の逆を述べているくらいです。

にもかかわらず、「安心した」という人がたくさんいたのは、知的な客観情報を大量に書き、文脈情報を伝えることによって恐怖が消えたからに違いありません。

そうした恐怖をほったらかしにして、情報を隠しているから、それが後々問題になるようなトラウマになってしまうわけです。

トラウマをとるには高度な脱洗脳テクニックが必要

さて、私のクライシスサイコロジーの講座は、そろそろ第2段階に移ろうとしています。今度は、講座の卒業生を対象に、トラウマを抱えてしまった人のトラウマを取り除く方法を伝授することを考えています。

なぜなら、東日本大震災から間もなく2年がたとうとし、その恐怖体験がトラウマになってしまった人がじっさいに現れるころだからです。

第1段階の講座の卒業生たちは、多くの被災者の心を救ったとは思いますが、彼らがカバーしきれないほど大勢の人々が心に問題を抱えていることは否定しようがありません。

これは心に直接働きかける心理操作手法のため、ここで紹介することはできませんが、少しだけさわりを述べましょう。

トラウマは、特殊な変性意識の状態です。

変性意識というのは、たとえばトランス状態など、日常的な意識状態ではない意識の状態のことを意味しています。トラウマに囚われ、突然カッとなったり、みるみる鬼のような形相になったり、相手を襲ったりするときが、この変性意識状態に当たります。

強い恐怖や恐怖体験は、それそのものが日常的な意識ではなく変性意識なのです。

実は、変性意識が生まれる状態というのは、高度な催眠を受けている状態のようなものです。

そして、変性意識下では、特定の記憶にアクセスしやすくしたり、逆にアクセスしにくくしたりということができます。

たとえば、相手に催眠をかけ、お父さんやお母さんの名前や、離婚した相手のことや、うれしかった思い出など、秘密をたくさん聞き出します。その後、催眠から起こす前に「いま、私が訊いたことは忘れましょう」といって、それから目覚めさせるわけです。

そうやって、占師はたくさん聞き出した相手の秘密を「あなたは、何年前にこういう経験をしたでしょう？」と的中させます。

相手に、「この占師は本物だ」と感激させる仕掛けです。

その逆に、特定の記憶にアクセスしやすくする方法として有名なのは、退行催眠です。半覚せい状態で記憶をさかのぼっていくと、昔の忘れていた記憶をたくさん引っぱり出すことができます。

さて、たとえば交通事故に遭ったというような恐怖体験がトラウマになり、それが一生消えないというような場合があります。

それは、事故の体験そのものが強烈な変性意識であり、変性意識は脳の記憶回路に直接的に強烈に働きかけます。

それそのものが、あっという間に長期記憶化してしまうような強烈な体感をつくるわけです。

そんな強烈な恐怖の記憶をどうすれば取り除くことができるかといえば、それは一種の脱洗脳のテクニックによって可能なのです。

わかりやすくいえば、たとえば大震災や原子力の過酷事故を含む強烈な恐怖体験は、それそのものが特殊な催眠術です。

それは、心を1つの臨場感世界に釘づけにする技術とみなすことができ、広い意味での催眠術なのです。

とすれば、その催眠術を一気に解く、脱洗脳の方法があるのです。

それは、**長期記憶化した恐怖、つまり変性意識体験を一度引っぱり出して、その変性意識そのものをぶち壊すという方法**です。

それは、「思い出せませんよ」と洗脳して思い出せなくするのではなく、変性意識そのものを解いてしまう脱洗脳なのです。

これは、少々高度な介入技術を必要とするため、いま私は、精神科医や臨床心理士などの資格を持つ医療関係者だけに伝授しています。

私がなぜ、守秘義務のもとで、専門家にしか教えていない第2段階の講座の話を紹介したかといえば、トラウマを抱える人に、それを取り除く技術があるということを知ってほしかったからです。

トラウマがあり、それが元でやるべきことができない。

あるいは、それが障害になって、進みたい方向に人生を向かわせられない。

そういう悩みを持つ人は、ひとりあれこれ悩まないで、専門家のもとを訪ねることを私はお勧めします。

自分で解決不可能な心の問題に戦いを挑むことほど、愚かなことはありません。

戦えば戦うほど、傷口が開くということになりかねません。

トラウマにいくら刃を向けても、傷つくのは自分自身です。

肝心なのは、クライシスサイコロジーを理解して、まずは恐怖体験を長期記憶化させないこと。それでも、あっというまに長期記憶化されてしまうような恐怖体験をしてしまったときは、私が脱洗脳のテクニックを伝授しているような専門家たちに頼んで、トラウマを解いてもらうことです。

それが、強烈な恐怖体験から逃れ、人生の質を高める、一番の方法でしょう。

第5章

うつ病は一瞬で治る。

「オレは、すごいヤツだ」
と思っている人に
うつ病の人はいない

No one is depressed
if he thinks "yes, I am good".

不満が精神をむしばむ

体験したことをどのような記憶として持つかという問題は、すでに述べたように、その人がそれをどう統合するかにかかっています。

自分に都合のいいように統合する人は、悪い出来事が起こっても明るく人生を前進させていくし、そうでない人は、いい出来事が起こってもなかなか前向きに人生を前進させていくことができません。

人生を謳歌《おうか》したいと思うなら、何事も自分に都合よく統合することが必要で、これはあらゆる精神の健康の秘訣といえます。

もうひとつ、**私たちが精神の健康を保つときに忘れてならない点は、自分に都合よく統合するのも、都合悪く統合するのも、それはすべて自分がやっていることだと、はっきり自覚することです。**

なぜなら、それはすべて、他人の脳ではなく、自分の脳でやっていることだからです。

人間が自分の脳をコントロールできないという理屈はありませんから、どのように記憶を統合するかは、本人の考え方ひとつにかかっています。

読者の中には、きっと次のような声を上げる人もいることでしょう。

「そんなことをいわれても、こんなに辛い目に遭わされたのに、それをプラスの記憶として受け止めることはできません」

果たして、そうでしょうか。

とすれば、なぜ、そう思うのでしょうか。

おそらく、自分は一方的に被害に遭っただけだと考えているからでしょう。

第2章でもお話ししたように、それがどんなにひどい体験だったとしても、相手がいることは必ず「自分が悪い」というふうに自分に返ってきます。自分は100％悪くないという身勝手な考えに凝り固まっていると、自分に都合よく体験や出来事を統合することはできなくなってしまいます。自分に都合よくというのは、自分が100％正しいという頑な考えを捨てることでもあるのです。

自分は悪くないとか、正義は自分にあるという考え方をしがちな人というのは、人生のさまざまなシーンで局面をうまく運ぶことができない人だといえます。

それは、何か思いどおりにいかないことがあると、すぐに他人のせいにするからです。

「あの人が悪い」といくら主張したところで、あの人は自分ではありませんから、自分の思いどおりに動くはずがありません。それなのに、相変わらず正しいのは自分だと思い込んでいますから、不満ばかりが膨らんでいくことになるのです。

不満は、人間に緊張をもたらします。

不満を募らせたままでは、大脳辺縁系の活動が優位になり、前頭前野の活動が抑えられ、その人は心身ともに活発でない人間になってしまいます。

ふつうの人は、適当なところで折り合いをつけるものですが、なかには不満にまみれた人というのもいます。

不満にまみれた人というのは、たいてい精神的にも変調をきたしています。

うつ症状やうつ病は一瞬で治ってもおかしくない

私は、その1つがうつ病の人ではないかと思います。

うつ病の人は、何をやってもうまくいかないとか、自分の人生は失敗だったとか、とにかく考えが後ろを向いています。

私は、**ハッピーではない状態が継続することを、うつ病と定義しています。**

要するに、ハッピーになることができないから、うつ病になっているわけです。


実際、うつ病で病院に通っている人を見ると、自分の将来に希望を見いだせないという人ばかりです。

「宝くじで1億円当たったけど、うつ病なんです」という人はいません。

ハッピーな人で、うつ病になる人はいないのです。

うつ病の人がハッピーになれないのは、人それぞれの理由があると思います。

たとえば、家族が難病で寝たきりの状態になって将来を悲観したり、勤めていた会社が倒産して高収入の道が閉ざされたり、周囲の人々から嫌われていつも不利な状況に追い込まれるのが常だったり、何らかの事情やきっかけがあることでしょう。

そして、うつ病の人は、そういう事情があったのだから私がうつ病になるのもしかたない、と思っています。**つまり、うつ病を正当化し、自分を納得させているのです。**

私は、うつ病の人が、自分がうつ病であることに納得しているのなら、それはそれでいいのではないかと思います。

うつ病で精神科に入院している患者さんたちを眺めると、彼らは、そこに保護された同じような症状の仲間が集められていることで、とても安心しているように見えます。病院では、昼間まどろんでいたとしても、就寝時間に強めの睡眠薬を求めたとしても、誰も咎《とが》める者はいません。そのせいか、うつ病の患者さんも、何としても病を治さなくちゃとか、この集団から一刻も早く脱出したいという積極的な意志をまるで持ち合わせていないように見えます。

要するに、自分のうつ病が正当化され、その状態にとどまっていることが心地よいのです。

こうした入院患者の姿は、何かから逃避する理由を求めている人に共通する態度です。

うつ病のすべてが逃避だとはいいませんが、本人が心から逃避する人生を求めているならば、誰にもそれを止めることはできません。

しかし、この本を手にとってくれたあなたは、本気で逃避の人生を求めているわけではないはずです。

もちろん、あなたは入院するほどのうつ症状に悩んでいるわけではないでしょうが、自分のそのハッピーではない状態を何としても打開したいと考えて、この本を手に取ってくれたのだと思います。

もしもうつ病だとしたら、それを治したいと本気で悩んでいることでしょう。

実は、うつ症状やうつ病は、一瞬で治ってもおかしくありません。

どうすれば治るのか。自分でそのハッピーでない状態をやめればいいのです。

これは、イヤな記憶に囚われないようにすることにも密接に関係していますので、少し詳しく考えていきましょう。

うつ病診断で安堵する人

会社勤めをしているビジネスパーソンでうつ病にかかる人は、100％間違いなく、仕事が嫌でうつ病になっています。

このような言い方をすると、「自分はそうじゃない」とむかっ腹を立てる人もいるでしょうが、拒絶反応を起こす前に、まずはひととおり私の話を聞いてください。

ビジネスパーソンのうつ病は、朝起きられなくなるとか、目が覚めてからも体がだるいといった症状から始まります。

なぜ、そういう症状が出るのか。

それは、仕事のことを考えるだけで、イヤな気持ちになり、疲れてしまうからです。

これは、登校拒否児のケースと似ています。

いじめに遭った生徒が先生の名前を聞くだけで学校に対する拒絶反応が出るのと同じで、

ビジネスパーソンも仕事のことや会社のことを考えるだけで身体に拒絶反応が出ているのです。登校拒否の生徒のようにいじめられたという強烈な体験を持つわけではないでしょうが、それだけ仕事が嫌で嫌でたまらなくなっているわけです。

朝起きられないとか、疲れが抜けないという状態を続けていると、そのうちムカムカして吐き気を催したり、心臓が痛くなったり、考えがまとまらなくなったりという症状が現れます。それから、新聞や雑誌を読んでも内容を把握できなくなったり、仕事でケアレスミスを連発したり、場合によってはパニック障害を起こしたりします。

そして、精神科や心療内科の扉を叩くことになるわけです。

このとき、うつ病状態の人は、気力も体力も、まさにほうほうのていでしょう。とにもかくにも休まないと態勢を立て直すことができないし、自分の状態を冷静に把握することもできないと追い詰められているに違いありません。

ところが、その人は「まずいことになった。どうしよう」と心配しながらも、無意識では「しめた！」と思っています。

病院で診断を受ければ、堂々と会社を休む理由が生まれるし、いま抱えている仕事も誰かに肩代わりしてもらうことができるからです。

うつ病という診断は、会社において錦《にしき》の御旗《みはた》です。

周囲の人々は労《ねぎら》ってくれるし、誰も「明日朝までに仕事を仕上げてこい」とはいわなくなります。具合が悪いといって長期間休んでも文句をいわれないし、その間の給料も保証されます。

仕事がホトホト嫌になったビジネスパーソンにとって、これほど好都合なことはないわけです。

そのうち、うつ病になったビジネスパーソンは、病気を理由に激しい競争の場から閑職に移されるでしょう。

「第一線で活躍していたのに……」忸怩《じくじ》たる思いも湧くことでしょうが、それでもどこか安堵しています。

病気を理由に、いつでも会社を休み、給料の保証つきでイヤな仕事から逃れる〝権利〟を得たのですから。

うつ病の人は、好きでうつ病になっている

私の指摘が間違っていると思う人は、ちょっと考えてみてください。

今、うつ症状に悩みながら続けている仕事は、心からやりたいと望んで取り組んでいる仕事でしょうか。

今の会社の給料、待遇、社会的ステータス、そういうものを手放したくないから続けているだけで、本当はやりたくない仕事なのではないでしょうか。

私がなぜそう考えるかというと、本当にやりたい仕事をしている人は、いつだってハッピーを感じているはずで、ハッピーな人はいくら仕事で追い詰められているとしても、仕事が嫌だとは感じないものです。本当はやりたくない仕事をしているから、仕事がかさんだりイヤなことが重なったりしたときに、身体に拒絶反応が現れてきます。

そして、それが我慢の限界を超えると、うつ症状が現れます。

今のポジションを守りたい自分と仕事が嫌でしょうがない自分と、その両方に折り合いをつけようとして、うつ病に理由を求めようとするわけです。

この場合の解決策は、私はとても単純だと思います。

それは、イヤな仕事を今すぐ辞めることです。

そして、自分がハッピーになれる、本当にやりたい仕事を見つけることです。

実際、会社を辞めると、ビジネスパーソンのうつ病はすぐに治ってしまいます。

収入がなくなるからたいへんだといっても、3カ月は雇用保険がおりるし、その間に次の仕事を見つけることは決して難しいことではありません。

もちろん、本当にやりたい仕事を見つけることができるかという問題はあります。

しかし、イヤな仕事を辞めるという決心をすれば、「このポジションにしがみついていなければならない」という前頭前野のパターンが壊れ、これまで見えなかったことが見えるようになってきます。

営業ではなく、ビジネスパーソンを教育する仕事がしたかったとか、マーケティングの仕事がしたかったとか、自分が本来やりたかったことに思い当たるようになるのです。

たとえ給料が下がったとしても、本当にやりたい仕事をすれば、その先にいくらでも人生の夢を膨らませることができますから、どうということはありません。

本人にとってその仕事は深く追求したい世界ですから、ハッピーに仕事に取り組んでいればスキルに磨きがかかり、高収入を得る道はいくらでも開けるでしょう。

本当にやりたい仕事をして、自分の未来を切り開こうとする人は、うつ病になどなりようがないわけです。にもかかわらず、うつ病の人は、イヤな仕事を辞めようとは考えません。

逆に、イヤな仕事にしがみつき、いまのポジションをキープすることばかり考えます。だから、余計にうつ病を必要とするようになり、それを理由に延々とさぼりつづけようとするわけです。

辛い記憶や悲しい記憶が原因になっているわけではありませんが、うつ病の人も、前頭前野のパターンがその人の心の状態をつくりだしています。

私がよく、「うつ病の人は好き好んで自らうつ病になっている」と指摘するのは、こういうことなのです。

自分を責めているようで、責めていないうつ病患者

さて、私たちが考えるべき問題は、ここからです。

うつ病の人は往々にして、自分のせいで病気になったのではないと考えています。しかし、すでに指摘したように、イヤな仕事に就いているのは自分の問題です。好きな仕事に就こうと努力しないことも、自分の問題です。

同様に、家族に問題があってうつ病になったという場合も、本当は自分の問題です。よくあるのは、年老いた両親の介護で精神的におかしくなるケースでしょう。

介護はたしかに重い問題かもしれませんが、介護する側がうつ病になってしまうほどの負担を抱えることに、私は意味があるとは思いません。

たとえば、お金がないから年老いた両親を老人ホームに入れることができないといっていても、よく聞いてみると、ほぼ１００％、ご両親の資産を処分すれば入所できる人ばかりです。

なぜ、それができないかといえば、おそらく親の資産を相続したいと考えているからです。今の現役世代が生き生きと暮らしていくことがよほど重要だと思いますが、いろいろ当てにしていたこともあって、踏ん切りがつかないわけです。

とすれば、この場合も、うつ病は自分に原因があります。

「夫の両親を施設に入れたいけど、夫が首を縦に振ってくれません」という人もいるでしょうが、それならば、「離婚します」で話はついてしまいます。

離婚すれば財産の半分は妻のものですから、夫も考え直すでしょうし、考え直さなければ第二の人生を踏み出せばいいわけです。それなのに、「夫が了承しない」という理由でうつ病になったとしたら、それは自分が悪いわけです。

うつ病の原因は、そのほとんどが自分の中にあります。

「上司が悪い」とか、「会社の方針が悪い」とか、「家庭環境が悪い」などと他人のせいにしているかぎり、うつ病は治らないのです。

自己責任という考え方がうつ病の特効薬

では、どうすれば、うつ病が治るのか。

それは簡単な話で「**何事も自己責任だ**」**と考えて選択と行動を行うこと**以外にありません。

たとえば、みっともない失敗をくり返し、周囲の人から能力を疑われ、仕事でさんざんな目に遭って精神的におかしくなった。

それは、これまで述べたように、嫌で嫌でしょうがない仕事に就いているからです。そのときは、自分が心から集中することのできる好きな仕事に就くことです。

また、親の命令でやりたくもない人生を歩まされ、精神的におかしくなった。

そのときは、そんな人生は思い切って捨て去ることです。

いっさいを捨てて、自分がやりたいように人生を組み立てれば、たとえ貧しくなったとしても間違いなくハッピーになれます。

安穏《あんのん》とした現状を守ることに必死になるために、やりたくないことを自分に強《し》いる。

こうした精神のまた裂き状態ほど悪いものはありません。

私が長年、さまざまな人に仕事や人生のコーチングを行ってきた経験から見て、「自己責任だ」と考えることのできる人は、うつ病になりません。

なぜなら、**「自己責任だ」と考える人は、解決のむずかしい大問題が目の前に現れても、逃げることなく問題に取り組もうとします。**常にどうすれば困難を回避することができるか考え、最善と思われる手段をとり続けます。

すでに紹介したように、**ベストの選択を行って得た結果がベストの結果であり、自分で行った選択の結果はつねに最高の結果です。**

その結果、たとえ会社が倒産したとしても、「本当は死んでいたかもしれない。生きていて、よかった」なのです。

ベストの結果をいつも得られるのですから、精神的に病まなくてはならない理由があるはずがありません。

それができない人に共通するのは、「過去がこうだったから、こうしよう」と考え、現状を維持しようとしている点でしょう。

イヤな記憶に囚われているとはいえませんが、過去の記憶に囚われているという点では同じです。

過去の記憶が、現在のベストの選択を阻んでいるわけです。

なぜ、「自分はスゴい！」と思っている人にうつ病はいないのか

ベストの選択ができないのは、その人のエフィカシーが低いからにほかなりません。

エフィカシーとは、自負心であり、自己の能力の自己評価のことですが、自分の能力を低く評価しているため、問題に新たなアプローチで取り組もうという考えが起こらないのです。

なぜ、その人のエフィカシーが低いのかといえば、周囲にエフィカシーを下げるような人がいて、自己評価をつねに下げるような癖がついているからです。

「お前には無理だよ」とか「そんな夢のようなことといっていて、いったい何になるんだ？」などと言われて育っていたりします。

そのほとんどは、親または学校の先生がそう教えてきたことが原因といえるでしょう。

ただ、いくら親や先生の影響だといっても、それは自分の脳がやっていることです。

わざわざ自分の能力を低く評価する必要はないのに、とっくにその段階から脱却していい年齢の大人がそれを続けています。

先に、うつ病というのはハッピーでない状態が継続していることといいましたが、うつ病は自分に起きたことをわざわざ低く評価することということもできます。


エフィカシーが思いっきり下がり、「何をやってもオレはダメだ」とふさぎ込んだ状態

がうつ病というわけです。

とすれば、自分の能力を低く評価することをやめれば、うつ病は治ります。

「オレはすごいヤツだ」と、自分の能力を高く評価すればいいのです。

「オレはすごいヤツだ」と心から思うためには、自己責任でベストの選択を行い、ベストの結果を出すことしかありません。

このことは、脳のメカニズムからも説明することができます。

自己責任でベストの選択を行おうとするとき、人間の脳はドーパミンを出します。

ドーパミンは行動を促すためのホルモンですから、意欲が高まったときなどに必ず分泌されます。

ところで、うつ病は医学的にいうと、脳内でセロトニンというホルモンが不足する状態とされています。セロトニンは神経伝達物質であり、これが不足すると、うつ症状が現れます。

そこで、うつ病の治療では、脳内のセロトニン量を上げてやるクスリが処方されるわけですが、「オレはすごいヤツだ」とエフィカシーを上げてやると、ドーパミンの分泌とともにセロトニンもたくさん分泌されるようになります。

なぜなら、セロトニンが不足するのは、ドーパミンが出ないからセロトニンが出ないという因果関係になっているからです。

すると、脳内のセロトニン濃度が上がり、うつ病状態はみるみる改善していきます。

実際、「オレはすごいヤツだ」と思っている人に、うつ病の人はいないのです。

ミッドエイジクライシスもエフィカシーの高さで克服できる

うつ病には、このほかに、いわゆる**ミッドエイジクライシス**というものがあります。

これは、人間の体が年齢とともに変化していくことで起こります。

人間の体は、1日の朝と夜で違うし、1年の春夏秋冬でも違います。

サイクルを持っているわけですが、生まれてから死ぬまでの間にも大きなサイクルがあり、その時々のホルモンバランスというものがあります。

そのサイクルの中で、ホルモンバランスが崩れるときの1つが**更年期障害**です。

これは女性に多い症状ですが、男性も更年期障害にかかります。そのときにドーパミンとセロトニンのバランスが崩れることがあり、うつ病になりやすくなります。

女性の場合であれば、それは、ちょうど子育てが終わったと肩の荷を下ろしたころにやってきます。

男性の場合であれば、中間管理職で熾烈《しれつ》な出世競争をして負けたというようなタイミングでやってきます。そして、こうした出来事をきっかけにして、男女ともに大変調をきたすのがミッドエイジクライシスです。


実は、人間は、加齢による老化によってもエフィカシーが下がります。

年齢が進むと、目は老眼になってくるし、呼吸はすぐに上がるようになるし、記憶力は落ちてくるし、ＩＱも下がります。とはいえ、そうしたことを表に出さずにすむポジションに就いており、経験が圧倒的に多いため、外からは衰えたというふうに見えないだけです。

自分では明らかに老化を感じているわけですが、そう感じること自体が、エフィカシーが下がっているということです。

そのときに、たとえば**会社の出世競争で負けたというようなことが起こると、エフィカシーが思いっきり下がり、うつ病にかかってしまいます。**

しかし、このときもエフィカシーを高く維持し、中年の危機を簡単に乗り越えていく人は大勢います。

当たり前のことですが、会社の競争で戦っている人は、全員が同じように老化していきます。もちろん、全員が競争に勝って出世できるわけではなく、出世しない人のほうが圧倒的に多いのです。

しかも、出世する人は、たいていは悪いヤツ。資本主義の国で偉くなる人は、どこかで法律すれすれの悪いことをして得点を稼いだ人が結構多いのです。人格的に高潔な人が一番出世しづらいのが、日本の組織というものです。

私などは、自分が出世しない場合には、「オレはすごいヤツだ」と思うでしょう。

逆に、出世したら、「ヤバい。オレは何か悪いことをやっているんだ」と感じます。

それが、エフィカシーを高く維持するということです。

そして、本当にそうした考え方をとることができれば、いくら老化を自覚していても、またいくらホルモンバランスを崩しているといっても、うつ病になどならないのです。

したがって、ここでもうつ病になるかならないかは、自己責任です。

自分でどういう考え方をとるかによって、うつ病はこの瞬間にも治せるわけです。

もしも、うつ病を一瞬でやめられないケースがあるとすれば、それは精神科医にかかって、強い抗鬱《うつ》剤を飲んでいる人だけでしょう。

いきなりクスリをやめると、飛び降り自殺を企てるなどのリスクがあるため、いきなりクスリを断ってうつ病をやめるというわけにはいかないからです。

抗鬱剤を飲んでいる人だけは、うつ病が治るまでに相当の時間がかかると覚悟したほうがいいかもしれません。

21世紀、「苦しい」「辛い」「怖い」「悲しい」は娯楽になる

ところで、第2章で、悲しみの記憶は娯楽にしなさい、ということを述べました。

それは「**悲しい記憶に囚われる必要はない**」ということです。

囚われない方法として記憶そのものを消したり忘れようとしたりする必要もありません。

単に、その記憶を娯楽として楽しめばいいことだと私はみなさんにお勧めしました。

このことは、悲しい記憶だけにとどまりません。

辛い記憶、怒りの記憶、あるいは喜びの記憶、楽しい記憶、私は喜怒哀楽のすべての記憶を娯楽にすればいいと考えています。

うつ病の原因になるような現状維持への執着も、同じことです。

現状を維持しなければという前頭前野のパターンは、「過去がこうだったから」という記憶が出発点になっています。

貧しい家庭に育ったので、いまの社会的ポジションを手放すわけにはいかないとか、大学で注目されていたのだから会社でも期待を一身に担っていかなければいけない、など。

前者なら、他人にひどいことをした苦い記憶、後者なら、他人を出し抜くために卑怯《ひきょう》を働いた記憶というように、前頭前野のパターンが生まれるまでには、「過去がどうだった」ということに関連するさまざまな出来事の記憶があるはずです。

うつ病になる人は、このイヤな記憶があるからこそ、不自然で無理な方法をとってでも現状を維持しようとし、結局はそれを持続することができなくなって症状が出てしまうわけです。

しかし、喜怒哀楽の記憶を娯楽にすれば、そんな過去へのこだわりも簡単に消えてしまいます。

たとえば、

「あんなに優秀な大学を卒業しているのに、仕事では全然だめらしいよ」

こんな陰口を叩かれたとしましょう。

読者のあなたなら、それを聞いて、華々しく大学に合格したときと同じように、現在の仕事でも周りから高く評価されなければいけないと考え、思い悩むでしょうか。

私なら、「あっ、そう。それがどうしたの?」の一言です。

なぜなら、過去の喜怒哀楽は、現在の自分とは関係ないと切り離しているからです。

現状がベストの自分は、過去の喜怒哀楽の記憶とは関係ありません。

しかも、現状の喜怒哀楽にとどまっていたいという気もないのです。もっといい未来がやってくると考え、そのために毎日、ベストの選択をしようと努力しているからです。

とすると、他人が現状の自分のことを「あんなに優秀な大学を……」と評したとしても、「そうか、私をそういうふうに引きずりおろそうとするということは、この人はよほどエフィカシーが低い人なんだな」としか受け止めようがありません。

娯楽にするということは、過去の記憶を現在の自分とは切り離すことなのです。

切り離してしまえば、いまやっていることが嫌で嫌でたまらないというほかに、うつ病になる理由はないわけです。

この21世紀、苦しい、辛い、怖い、悲しいという記憶はすべて娯楽になったといえます。なぜかというと、マイナスの情動はいま、ほとんど必要がなくなっているからです。

たとえば、その昔は、恐怖にはたしかな役割がありました。火が怖いということで、火を恐れ、火を避けました。暗いところでは何かに襲われたりする危険性が高いため、暗いところを避けました。これは本能によるもの。つまり生得的なものです。

しかし、**現代では危険を避けるために恐怖を必要とはしていません。**

たとえば、私たちには、福島の原発事故で飛散しているセシウムを怖がる生得的知識はありませんが、でも私たちは、それが危険であるということを後天的に十分に知っています。また、原子力発電所に行ってわざわざ被曝《ひばく》しないと「セシウムは危険だ」と思えないのではなく、本を読んだり、チェルノブイリの記録映像を見たり、認知的情報処理をすることでその危険性を知ることができます。

人間は言語を発明し、ある程度前頭前野が進化することによって、言語空間かつ情報空間にリアリティを感じることができるように進化してきました。

そのため、私たちは、直接的な失敗の体験を必要としなくなりました。

むしろ、放射能を浴びる経験をして危険を知るというように、直接的な体験に頼ろうとするほうが、はるかに危ないわけです。

恐怖という危険を避けるための道具は、時代遅れになり、いまやたいして役に立たなくなっています。

そのたいして役に立たない情動に囚われ、それが人生を前進させる力を殺《そ》いでいるとしたら、私たちにはそれを思い出さなくてはならない必然性がありません。

では、必要ないからやめるかといえば、そんなことに時間や労力を注ぎ込むこともありません。

だからこそ、それは娯楽になっているのです。

この21世紀、喜怒哀楽の情動的記憶は、基本的にはその役割を終えたのです。

必要ないものも娯楽にして楽しむ

情動的記憶が役割を終えたというと、ピンと来ない人もいるでしょうが、人類の進化とはそういうものです。

人間にかかわるもので、今はもう必要のないものはたくさんあります。

たとえば、髪の毛です。

人類はもう、髪の毛を必要とはしていません。昔は髪の毛も体毛も必要があったはずですが、いまでは頭が禿げているという理由で死ぬ人はひとりもいません。

逆に、アメリカ、ヨーロッパでは、下半身脱毛していない人は不潔だ、といわれるようになりました。

つまり、脱毛が正しくて、毛があることは正しくないという基準が生まれているわけです。

では、必要性を失った毛が身体から生えていると悪いかといえば、そうではありません。髪の毛についていえば、どう考えても必要性がないものに対して、わざわざ色をつけたり、曲げたり伸ばしたり、いろいろなことをしています。

それが、ファッションであり、広い意味の娯楽です。

必要のないものであっても、それが娯楽として広く受け入れられれば、新しい別の役割

が生まれます。それは、美容師にとっては職業となり、職業という役割が生まれたということは、髪の毛に新しい重要な役割が与えられたということかもしれません。

それと同じことで、情動にも、娯楽という新しい役割が与えられました。

だから、私たちは恐怖映画を観て、あるいは遊園地のジェットコースターに乗って、恐怖を楽しみます。

恐怖を娯楽として管理できるということは、あらかじめ「それは娯楽です」とわかっているわけで、すでにその時点で前頭前野による介入がすんでいます。

その中で、たとえば恐怖映画なら映画館で座って映画が終わるまでの間、前頭前野を抑え、わざわざ扁桃体および大脳辺縁系の情報処理を楽しみます。

もちろん前頭前野を抑えると、ＩＱが下がって脳はいわばバカの状態になりますが、私たちはそうしたリスクのある行為をわざわざやって楽しんでいるわけです。

情動も娯楽としてコントロールする

胸の内に湧く喜怒哀楽の記憶を娯楽と認識することができれば、私たちはその情動にコントロールされることがなくなります。

たとえば、悲しいとか許せないという情動にコントロールされると、考えは堂々巡りし、扁桃体もしくは大脳辺縁系が優位になり、理性的に物事に取り組むことができなくなります。そのため、仕事がはかどらなくなったり、せっかくのチャンスを台無しにしたり、結局は人生を無駄にしてしまいます。

そればかりか、その情動を利用することに長《た》けたプロたちがいて、餌食になるリスクも高いといえます。

たとえば、悪徳宗教にはまる、占いにはまるなど……。

もちろん、他人の情動を利用するプロたちは、プラスの情動も大いに利用しようとします。投資詐欺や不動産詐欺を仕掛ける人は、経済の先行きが暗いとさんざん脅した後に、一転して射幸心をあおり、人々が喜び勇んで莫大なお金を差し出すよう仕向けています。

それは、彼らのワザなのです。

世の中に存在するありとあらゆるカルトや詐欺は、人間が囚われる喜怒哀楽の情動的記憶をテコにしてワザをかけている、ということができます。

言い換えれば、**喜怒哀楽の記憶は、煩悩のもとなのです**。

自分自身の情動を娯楽としてコントロールすることができる人は、プロにワザをかけられ、後で悔やむような無責任な行動をとることもなくなるわけです。

喜怒哀楽の記憶を娯楽にすれば、私たちは自分をコントロールすることができます。

そうした記憶がもとで前頭前野にパターンが生まれることもありません。とすれば、過去に囚われ、現状を無理に維持しようとしてうつ病にかかるようなこともまったくなくなるわけです。

もちろん、喜怒哀楽の情動的記憶は、「そうしよう」と思った瞬間に、娯楽になります。それは自分でその認識を持つということであり、自分の記憶についての自分の認識を自分の力で変えられないということは、いっさいないのですから。

第6章

イヤな気持ちから自分を解放するために。

前頭前野を働かせれば、
イヤな気持ちはなくなっていく

Activate your prefrontal cortex
and your negative feelings will fade away.

情動を消し去る3つの方法

天災や事故がそうであるように、イヤな出来事が降りかかることは、自分の力で防ぎきれるものではありません。

しかし、そのときのことをどう記憶するかは、とりもなおさず自分の問題です。

当たり前のことですが、「こう記憶しなければならない」という法律や規則はありません。それぞれが自分に都合のいいように脳に仕舞い込めばいいことです。

脳は自分の身体の一部ですから、身に降りかかったイヤな体験や情動を無害なものにすることは、比較的たやすいはずです。これまでお話ししてきたように、自分で受け止め方を変えればいいだけのことです。

締めくくりに、もっとも、それをうまくやる苫米地式の方法を紹介しましょう。

イヤな体験に対処するためには、私はまず次の3つの方法論をしっかりと身につけることが重要だと考えています。

①　高い抽象度で考える。
②　イヤな出来事の記憶に、「嬉しい、楽しい、気持ちいい、すがすがしい、誇らしい」という情動感覚を結びつける。
③　脳を自己発火させる。

順番に、詳しくみていきましょう。

抽象度を上げれば、情動はなくなる

前頭前野は、人間の脳の中で最後に進化した部分と考えられています。

脳は生物とともに進化してきた臓器で、脊椎動物ならばどの生物もよく似た脳の基本構造を持っています。それは、脳幹、小脳、大脳からなっており、異なるのはそれぞれの部分の大きさだけです。

いうまでもなく人間の大脳が最も発達していますが、なかでも大脳新皮質といわれる新しくできた部分が大きいという特徴があります。

前頭前野は、大脳新皮質の中でも一番新しく生まれた部分なのです。

別の角度から見ると、この脳の基本構造の違いは、爬虫類を底辺としてだんだん高等な生物に上がっていき、最後に人間に進化したということの証拠です。

これは同時に、脳の進化とともに脳が処理する情報の抽象度が上がってきた、ということを示しています。

つまり、**前頭前野を働かせて考えるということは、すなわち抽象度を上げるということなのです。**

では、抽象度を上げて考えるというのは、具体的にどういうことでしょうか。

端的にいえば、それはイヤなこととといいことの差がないということにほかなりません。

たとえば、私たちはふだんイヤなことが起これば悲しいし、いいことが起これば嬉しいと感じます。

しかし、**ひとつ上の抽象度で考えると、悲しいも嬉しいも、どちらも同じ「情動」です。**

そして、「それは情動だ」という認識が生まれれば、悲しいも嬉しいも関係なくなってしまいます。

つまり、喜怒哀楽を超えている、ということになるわけです。

抽象度を上げれば善悪さえもない

抽象度を上げると、あらゆるものを超えた認識が生まれます。

その昔、若い国会議員が母校の高校に招かれて講演しました。

そのとき彼は、「**私は昔、不良だったけれども、今は立派に国会議員になることができた**」と生徒たちに話して聞かせました。

私は、高校生に悪い影響を与えるから、そんな話はしないほうがいいと諭しました。

なぜなら、そんな話を聞けば、不良の生徒が自分はそのまま不良をつづけていればいいいと勘違いしてしまうに違いないからです。

その国会議員にしても、彼がいま街のチンピラとして刑務所に収監されていたとしたら、自分がかつて不良だったことがいいことだということの話はしなかったことでしょう。ところが、彼は国会議員になったことで、自分がかつて不良だったことはいいことだったと思うようになっているわけです。

抽象度というものを考える上で、これほどわかりやすい例はありません。

この話のポイントは「不良だった青年時代がいいか悪いかは未来が決める」ということです。

言い換えれば、「現状がこうだ」ということを、いまいいか悪いか決めることはできないということです。

これが、**抽象度の高い思考による、ものの見方**なのです。

こうしたものの見方は、時間と空間を超えています。

未来になってみないとわからないということは、すなわち時間を超えているということにほかなりません。

もちろん、今この場でいいか悪いかが決まらないのですから、そのさいの情報には左と右、東西南北といった空間の概念もありません。

ということは、空間も超えているわけです。

そして、それが時間と空間を超えているのであるならば、すなわち抽象度の高い思考はいい悪いさえも超えているということになり、それは善悪を超えています。

つまり、いま個人としてどんな状況にあろうとも、もっといい未来を実現すればいいということしかなくなるのです。

そういう発想で物事を捉えれば、いま悪い出来事が起こったということは、未来にいい出来事が起こったと同じだと認識することができます。

もちろん、自ら未来がよくなるように力を注いでいけば、いま起こった悪い出来事はそのよりよい未来において、ものすごく嬉しい出来事になっているはずです。

若い国会議員が不良青年だった自分を誇ったように、いま自分の中で動いているマイナスの情動が大きければ大きいほど、未来においては「それがいい影響を与えたのだ」というプラスの認識に変わっているわけです。


このように、よりよい未来をきちんと見据えていれば、いまの悲しい嬉しいは簡単に超えることができます。現在の善し悪しを未来が決めるということは、因果は未来にしかないということにほかなりません。

未来の因果で現在の善し悪しは決まります。過去の因果で現在の善し悪しが決まることはないのです。

時間、空間を俯瞰してみる

もうひとつ例を挙げましょう。

かつて私は、プロレスラーの浅井嘉浩君の指を動くようにしてあげたことがあります。彼は、世界タイトルを複数持ち、ウルティモ・ドラゴンというリングネームで名をはせた存在です。

ずいぶん前に彼は試合で左肘関節を負傷し、アメリカで手術を受けました。ところが、手術が失敗し、その後遺症で左の指が動かなくなってしまいました。それがもとで、彼は第一線から退くことになったのでした。

私と彼は葉巻仲間なのですが、あるとき彼があまりにも不器用に葉巻を持っているので、そんな持ち方じゃ格好悪いから、いまこの場で動かせるようにしてやろうということになりました。

実際、30分もかからないうちに、彼の指は動くようになりました。彼の知り合いの医者は、よく動くようになったと驚きますが、私にすればそんなことはたやすいことです。

脳の神経回路網のルートは、1つにかぎられているわけではなく、いくつもあります。したがって、指が動くという自己イメージを抽象度の高いところで書き換えてやれば、別の神経回路から脳の指令が届くようになり、指は当たり前のように動くのです。

さて、話を**因果は未来にある**という本題に戻しましょう。

肘関節の手術に失敗したことは、当時の彼にとって、おそらくものすごく不幸な出来事だったことでしょう。

ところが、そのときの怪我《けが》があったからこそ、彼はいまメキシコでプロレスラーとして試合を行うだけでなく、プロデューサーとして現役を続行する以上の大成功をおさめています。

ケガを負い、手術をして、しかも手術に失敗したことによって、いまの大成功があるわけです。

浅井君の例が示しているのも、未来にいいことが起これば、いまのいいことと悪いことに差はないということにほかなりません。同時に、ここで指摘しておかなければならないのは、そうした体験の中で彼の情動が大きく動いたことによって、自分と周囲の人々に大きな影響を与えたという事実です。

たとえば、彼の場合は、おそらく手術に失敗した医師との裁判でエネルギーを使ったことでしょうし、彼に同情する人物もいろいろ現れたことでしょう。そういう流れの中から彼の未来がつくられていき、いまでは、あのときの怪我がなければ大成功しなかったというふうに考えています。あのときの怪我がなくても成功した浅井君がいたかもしれませんが、それはすべて「ｉｆ」の世界であり、あれこれ考えてもまったく意味がありません。

現在の自分というものは過去のすべてによって成り立っています。

もちろん、未来の自分は現在を含めてのすべてで成り立っているわけですが、その因果がどこにあるかといえば、未来だけにあるわけです。

因果は未来だけにあるという考えで物事を捉えることは、すなわち抽象度の高いところから自分を見ることとイコールです。

それは、時間を超え、空間を超え、そして善悪を超えて、自らの現状を肯定することです。

もちろん、そのためには実際に未来をもっとよいものにしていかなければなりません。その具体的な方法論は、私が行っているTPIE（タイス・プリンシパル・イン・エクセレンス）のコーチングメソッドを実践することが早道ですが、その点に興味のある方は私の『コンフォートゾーンの作り方』（フォレスト出版刊）などの著書をお読みになっていただければ幸いです。

このように、**イヤな出来事があったとしても、それを人生の重荷にする必要はありません。その記憶は、大切な記憶として未来にとっておけばいいのです。**

将来は必ず、「あのとき、こんなことがあってよかったなあ」と感慨にふけるような、貴重な記憶になっているはずです。

抽象度を上げて前頭前野で考えるというのは、時間と空間と善悪を超えた全体を俯瞰《ふかん》する視点を持つことなのです。

情動的記憶が長期にわたるとイヤな記憶に囚われる

次に、イヤな出来事の記憶を「嬉しい、楽しい、気持ちいい、すがすがしい、誇らしい」という情動感覚と結びつけることについて説明しましょう。

すでに指摘したように、脳は失敗を記憶するようにできています。

しかし、私たちは、明らかにこんな失敗の記憶はいらないというものまで記憶してしまいます。

たとえば、いわれのない誹謗中傷《ひぼうちゅうしょう》はその代表例でしょう。

組織的な追い落としなどで誹謗中傷が行われているならば、具体的に戦うことで、いくらでも前頭前野が働くため、情動が長期記憶化されることはないと思います。

しかし、ネットの書き込みや攻撃に代表されるような誹謗中傷を受けたときは、意外に尾を引くものです。

パソコンに向かっている場合は、個人が余計な雑音なしにひとりで情報に向き合っている状態が多いため、思いのほか深く傷つけられるケースが生じます。

ネット上で個人攻撃を受けた人が、自殺せざるをえないような心境にまで追い込まれるのが、これに当たるでしょう。


ネットにかぎらず、誹謗中傷などの個人攻撃などに有効な方法は、そのさいに過去の「嬉しい、楽しい、気持ちいい、すがすがしい、誇らしい」という記憶を引っぱり出すことがとても有効な方法です。

これは、誹謗中傷だけでなくさまざまなシーンに応用できますから、身につければ何かとメリットの多いワザといえます。


人間がイヤな記憶に囚われてしまうようになるのは、その際の情動的記憶が長期記憶化していることが原因です。

それが長期記憶化される理由は、その出来事が自分にとってものすごく不利であり、耐えがたいという情報処理を脳が行うからです。

その情報処理の主役は扁桃体であり、扁桃体の増幅作用に促されて海馬がそれをきわめて重要な失敗だと認識することになり、自分にとって不利であり耐えがたいという情報処理が行われるわけです。

とすれば、この問題は、脳がそうした情報処理を行わないようにしてやることで解決することができます。海馬がそれを、不利であり耐えがたい重要な失敗だと認識しないようにしてやるのです。

どんな時にもプラスの情動を出す

「嬉しい、楽しい、気持ちいい、すがすがしい、誇らしい」という情動的体験は、誰にでも何度となくあると思います。

みなさんは、まずその中でもっとも強烈な体験を具体的に思い出してみましょう。

そして、そのときのプラスの情動感覚をしっかりと出すようにしてください。

次に、**イヤな情動にまつわる出来事を思い出して、このプラスの情動感覚をそれに結びつけてしまいます。**

つまり、イヤな出来事を思い出しつつ、同時に「嬉しい、楽しい、気持ちいい、すがすがしい、誇らしい」という強い情動感覚を出すわけです。

たとえば、かつて宝くじが当たって有頂天になったときの感覚を、自分にとって不利であり、耐えがたいという出来事の記憶と結びつけてしまいます。

宝くじに当たったことがなければ、初恋の相手に告白しそれが受け入れられたときの感覚とか、試験で一番になったときの感覚とか、どんなものでも構いません。

不利で耐えがたい出来事と、それとはまるで関係のない過去のプラスの情動感覚を結びつけることは、いかにも乱暴に映るかもしれません。

しかし、あまり懐疑的に考えずに、とにかく結びつけてしまうのです。実際に何度かやるうちに、わりと簡単にできるようになると思います。


イヤな出来事にまつわる情動を増幅させるのは、扁桃体の仕事です。扁桃体が海馬にそうするよう指令を出しているわけです。

そうしなければ、人間は大きな危険が迫ったときに「ぎゃー」と驚いてすぐに反応することができません。

これは、以前に説明したとおりです。

ちなみに、後天的に体験した情報だけでなく、遺伝的な情報にも、扁桃体はこのような指令を発します。

サルの扁桃体にはヘビを認識する細胞があることがわかっています。

サルは利口な動物で、たとえば日光でたびたび問題になっているように、人間がいくら追い払おうとしてもなかなか追い払うことができません。

ところが、ゴム製のおもちゃのヘビを投げ込むだけで、物おじしないサルの集団もものすごい勢いで逃げて行きます。

おそらく、人間にもそれに類する細胞があるに違いありません。


さて、自分にとって不利であり耐えがたい出来事を思い出すときに、同時に「嬉しい、楽しい、気持ちいい、すがすがしい、誇らしい」情動感覚を自分の中で出すと、扁桃体はその記憶の増幅を弱々しいものにします。

そして、イヤな記憶を思い出すたびに、「嬉しい、楽しい、気持ちいい、すがすがしい、誇らしい」情動感覚をセットにして出すようにすれば、扁桃体はその記憶の増幅幅をどんどん弱めていきます。

その結果、記憶そのものを自分にとってものすごく不利で耐えがたいものとして思い出さなくなり、最後には、海馬はそれを別にどうということのない記憶に変えてしまうので

す。

もちろん、サルがヘビを認識するのと同じ遺伝的な情報にも、同じ効果が表れます。ゴキブリが出現すると慌てふためいたように怖がる人に、プラスの情動感覚を出す訓練を施すと、ゴキブリが突然現れても「ぎゃー」という我を忘れたような反応は起こらなくなります。

これが、私がよく指摘する〝慣れ〟です。

慣れていけば、それは生命の危険に結びつく重要な情報として思い出すことがなくなり、いずれは思い出すこともなくなります。

私たちがこれをもって忘却と呼ぶことは、すでに指摘したとおりです。

「嬉しい、楽しい」をアンカリングしておく

ここで大切なことは、「嬉しい、楽しい、気持ちいい、すがすがしい、誇らしい」という情動感覚を、それぞれがあらかじめ用意しておくことです。

イヤな出来事を思い出すときに、1から記憶をさぐって「嬉しい、楽しい、気持ちいい、すがすがしい、誇らしい」という記憶を引っぱり出そうとすると、かえってそれが原因となって、扁桃体による増幅効果が弱まる前に長期記憶化してしまうリスクが生じます。

したがって、あらかじめそれらの情動感覚を用意しておき、イヤなことを思い出したときに、リアルな体感や強烈な情動として、すぐにバーンと引っぱり出せるように訓練しておくことが大切です。

プラスの情動感覚の取り出しをより確実なものにするために、リアルな体感や強烈な情動として引っぱり出します。そのために、**アンカー**と**トリガー**を用意しておくワザもあります。

アンカーというのは、そのものずばり碇《いかり》の意で、埋め込まれた感情のことです。

また、感情を特定の情報に結びつけることを**アンカリング**といいます。

そして、アンカーに結びつけられた特定の情報のことをトリガー、つまり引鉄《ひきがね》といい、トリガーを引くことでアンカーに結びつけられた情動感覚が引っぱり出されるのです。

アンカーとトリガーは、いわば洗脳の基本的な仕掛けのひとつです。

たとえば、北朝鮮の人たちは、胸につけた金正日バッジがトリガーになり、それを見るとなぜか急に嬉しくなったり自信満々の態度になったりします。

また、オウム真理教の信者も、教団幹部が発するある特定の言葉を聞くと急に幸せになったり体が震えだしたりするように、薬物を使った洗脳が施されていました。

こうした洗脳技術は、もとはといえばＣＩＡ（アメリカ中央情報局）が開発した、破壊工作用の人心操縦術です。

耐えがたいほどのイヤな記憶があったとしても、他人にアンカーとトリガーを施されるとすれば、操られるリスクがあるため、私はお勧めできません。

しかし、アンカーとトリガーを自分で自分に仕掛け、自分の扁桃体と海馬の働きをコントロールするかぎりにおいては、利用されるリスクもないし、これといった副作用もありません。

何も問題はないわけです。

私がよく勧めているのは、わざわざ自分にアンカーするために、「嬉しい、楽しい、気持ちいい、すがすがしい、誇らしい」を思い浮かべながら、いつも身につけているペンダントなどのアクセサリーをさわる方法です。

するとと、ペンダントにさわるという行為がトリガーとなり、いつでも好きなときにアンカーとなる感情を即座にバーンと引っぱり出せるようになります。

もちろん、必ずしもペンダントでないといけないということはなく、トリガーはその他のアクセサリーや写真など、携帯に便利ですぐに取り出せるものなら、どのようなものでも構いません。

そうやって自分の中にあらかじめアンカーとトリガーの仕掛けをつくっておくことは、イヤな記憶をふいに思い出してしまったというようなときに、扁桃体の増幅効果に対処できる、とても簡単で優れた方法です。

こうした訓練を積んでおけば、**どのようにイヤな記憶であっても、いつでも「嬉しい、楽しい、気持ちいい、すがすがしい、誇らしい」という情動感覚を結びつけることができます。**

これが扁桃体と海馬に強力に介入し、イヤな情動的体験が長期記憶化することを圧倒的な力で防いでくれるわけです。

自己発火をすれば、幸せになれる

さて、最後は少しばかり高度な技術ですが、3番目の**自己発火**について説明しましょう。

発火というのは、脳のある部分が活発に活動することです。

少々専門的になりますが、脳の神経回路の活動電位がスパイク状に正の電位に変化することを指しています。

脳のこうした発火は、宗教の信者によく見られます。

キリスト教には告解というものがありますが、懺悔《ざんげ》を終えた信徒は非常に強い幸福感に包まれることが知られています。

つまり、このとき脳は発火しているわけです。

信徒は、こうした懺悔のさいの幸福感を忘れることができず、くり返し神父に告解にやってきます。これは洗脳のカラクリと本質的には変わりません。

その理由は、主に2つあります。

1つは、絶対的権力者が神父になる、ということです。

罪を許すのは建前上は神ですが、神と信徒の間に神父が入ることで、罪を許すのは神父の仕事になっています。そのため、神父は事実上の絶対的権力者になり、信徒は懺悔を行うたびに従屈的になっていかざるをえません。

それが、教会権力を生み出してきた源泉になっているわけです。もちろん西洋社会では、それが社会秩序の基盤となってきたというプラスの側面を忘れてはいけません。

もうひとつは、懺悔が持つ本質的な働きです。

罪を告白させるという方法は、告白する本人のエフィカシーを下げる働きを持っています。

なぜなら、懺悔は「私はこんなことをしたダメな人間です。お救いください」と、あくまでも自らの能力を殺ぐための形式を持っているからです。

これは、**信徒のエフィカシーを下げて、神父を絶対的存在に祭り上げる支配の論理**ということができます。

ローマ皇帝がキリスト教を国教にしたのは、こうした支配の論理を支える数々の形式が備わっていたからなのです。

信徒を奴隷化するこうした告解の仕組みにもかかわらず、信徒は、懺悔によって至福の状態に陥り、その脳はすでに述べたように発火しています。


前頭前野内側部の眼窩腹側内側部というところに、洗脳されると発火する場所があり、そこが気持ちよくなって幸福感に包まれるのです。


実は、これが**宗教のツボ**といわれている場所です。

すでに、その位置まで確認されています。脳機能の研究はそこまで進んでおり、洗脳とはその場所を発火させるパターンを前頭前野につくることだ、という考え方も生まれているほどです。

それにしても、ＣＩＡのように薬物を使って洗脳するわけではないのに、宗教が強烈な洗脳を行うことができるのはなぜでしょう。

それは宗教的な洗脳が、文化に埋め込まれているパターンだからです。

神社にお参りに行き、お賽銭《さいせん》をちゃりんちゃりんと投げて手を合わせると、とても安らかな気持ちになる日本人というのは、けっこうな数がいます。

別に神道を信じているわけではないのに、初詣でをするとそのときだけ敬虔《けいけん》な気持ちになり、宗教のツボが発火し、幸せな気持ちがするわけです。日本人の脳は、文化的な洗脳の効果によって、正月に初詣でに行くだけで発火してしまいます。

子どものころから、神社や鳥居を見たり、神を畏《おそ》れることの意味を説いて聞かされたり、パワースポットの存在や霊的体験があるかのように信じ込まされたりした結果、知らないうちにすっかり洗脳されているわけです。

もちろん宗教の論理では、これは信徒を神に導き、社会に秩序をもたらす「良い洗脳」であるということになるのは言うまでもありません。

アファメーションで自己発火する

洗脳によって発火すれば、他人に利用されるリスクがありますが、自分で自分を発火させることができるとすれば、これほどいい方法はありません。

コーチングでは、**自分で自分を発火させる自己発火**をとり入れています。

そのためにコーチングでは、**アファメーション**と呼ばれる、人生のゴールを達成するための道具を使っています。

この本はコーチングの本ではありませんからアファメーションそのものに深入りはしませんが、これを毎日朝晩、くり返すことで、前頭前野の眼窩腹側内側部に発火パターンをつくっていきます。

すると、アファメーションを行っている本人の脳に、圧倒的に大量のセロトニンが出るようになり、たいへんに強い至福感を感じるようになっていきます。

アファメーションがいわゆる洗脳と異なるのは、本人がそれを自分でつくって、自分に言い聞かせるという点でしょう。

つまり、**コーチングというのは、本人が自らの人生のゴールを強く達成しようとするときに、自己発火が起こり、自然に強烈な幸福感を感じるように導いてやる技術なのです。**

アファメーションがもたらす効用の1つは、コーチング用語でスコトーマ（盲点）と呼んでいる原理が働くことです。簡単に説明すれば、私たちは、そのときに重要だと思っていることしか見ることができません。

誰もが経験していると思いますが、たくさんの人が集まるパーティーの席上で誰かと話していても、周囲にどんな人がいて何をしゃべっているかというのはだいたいわかるものです。

ところが、目の前の相手と特別な話が始まり、それが重要だと思ったとたんに、周りにどんな人がいて何をしゃべっているかということは目や耳に入らなくなります。

ロックオン、ロックアウトという捉え方をするとわかりやすいと思いますが、重要だと認識して1つのことにロックオンすると、他の情報はロックアウトされて認識に上らなくなるわけです。

この原理が、**スコトーマの原理**です。

とすれば、人生のゴールを達成しようとする至福感に包まれて、自己発火している人は、ゴールを達成するために必要なこと以外の情報は意識に上らなくなるのも当然です。

それは、神の存在を信じる信徒が、あらゆる事象に神を感じ、神を感じることのできないあらゆる科学を無視するのと基本的には同じことです。

もちろん、アファメーションによって自己発火し、スコトーマの原理が働いている人は、ゴールと関係のないイヤな記憶はすべてロックアウトされ、それが認識に上ることはありません。

記憶がなくなるわけではありませんから、それが表に出てこなくなるということです。

アファメーションのつくり方ややり方は、そんなに難しいものではありません。

もちろん、それを教えるコーチはいますが、基本は自らが実践するセルフコーチングであり、マニュアルベースでメソッドが確立しています。

アファメーションを行い、脳を自己発火させることは、イヤな出来事の記憶に惑わされずに人生のゴールを達成したい人にとって、これほど有効な自己実現の早道はないということができるのではないでしょうか。

リラックスして趣味に取り組めば前頭前野が活発になる

以上が苫米地式のコツですが、この本を締めくくるに当たり、誰もが日常的に取り組むべき精神安定の方法について述べておきましょう。

それは、あまりにも当たり前のことですが、自らの力で、無理なく、いつでも前頭前野が働く状態をつくっておくことです。

恐怖や不安におびえる人や怒りの感情に支配される人に共通しているのは、前頭前野を働かせるために必要な2つの最低条件を欠いていることです。

その**最低条件とは、リラックスしていること、そして抽象空間に対する興味を持つことの2つです。**

リラックスがなぜ重要か。

緊張している状態は、交感神経が優位な状態であり、とくに大脳辺縁系が優位になっているといえます。

大脳辺縁系が優位なときは前頭前野が働かないということを何度か指摘しましたが、前頭前野が働かないということはIQが上がらないということと同じです。

つまり、**IQは人間がリラックスしているときにしか上がらないのです。**

そこで、読者のみなさんは、まずリラックスするという1つ目の条件を満たす方法を探してください。ゆっくりと風呂に入るでもいいし、のんびりと川や海を眺めるでもいいでしょう。

一方、**抽象空間に興味を持つというのは、イヤなことばかり思い浮かべている人は、意図的にその状態から自分を解放してやること**が、このさいとても重要なことになるからです。そうしないことには、いつまでたっても大脳辺縁系優位の状態から抜け出すことができず、前頭前野が活発に働く状態をとり戻せなくなります。

自分ではイヤな記憶に囚われないようにしているつもりでも、傍《はた》から見ると、非常に不活発な状態に映っているというのはよくある話です。

抽象空間に自分をおいてやるための私のお勧めは、リラックスして取り組める趣味です。テレビゲームのように緊張して行う趣味はよくありません。

テレビ観賞が趣味だという人もいますが、光刺激はとりわけ交感神経を刺激しますから、それもよくありません。

ちなみに、日本人は眠りが浅いといわれますが、これは寝る直前まで光刺激にさらされていることが大きな理由ではないかと思います。

人間は、理論的にいえば、朝光を浴びてから15〜16時間後に眠くなるようにできています。その理由は、朝光を浴びたときに睡眠物質のメラトニンが消え、それから15〜16時間後にふたたびメラトニンをつくりだすという脳のリズムによっているからです。

つまり、光が当たるとメラトニンが消え、眠りは自動的に浅くなるわけです。

そのときにメラトニンが消える光はスマートフォンの画面の明るさ程度です。

ですから、夜寝る前にケータイでメールするだけでも眠りを浅くしてしまいます。

したがって、深く眠るためには、就寝の1時間前からはスマホの画面さえ見てはいけません。テレビ画面は想像以上に明るいため、就寝の1時間前を超えてテレビを観るのも論外です。

「夜よく眠れません」という人たちは、寝る直前までテレビを観ているケースがほとんどです。それでうまく寝つけないため、また明かりをつけてテレビを観ています。

身体が疲れていれば、いずれ眠ってしまうでしょうが、眠りはすごく浅くなっているわけです。

毎日、浅い眠りしかとれなければ、脳は緊張しリラックスすることができなくなり、それが当たり前になるとＩＱも下がった状態が続くことにならざるをえません。

深く眠ろうとするなら、最低でも就寝の1時間前には携帯電話やパソコンを使うのをやめて、オーディオで音楽を聴くか読書をするかが賢明でしょう。

もちろんテレビは捨ててしまうのが一番です。

話を趣味に戻せば、たとえば鉄道模型のNゲージとか楽器とか、女性であればベランダ菜園とか、全身をゆるめてリラックスして取り組める趣味がいいと思います。

そして、その趣味の世界に広がる抽象空間にどんどん興味を持つことです。

前頭前野が働けば「イヤな出来事の記憶」は消えてなくなる

趣味の世界というのは、実は思いのほかIQを使います。

たとえば、私の場合は趣味はギターといっていいと思いますが、練習をするだけでなく、苫米地モデルのギターをつくるために毎日、コンデンサーの容量を測るなど、ものすごくIQを使っています。

ゴルフ、釣り、サッカー、どんな趣味でもそうですが、趣味というものはけっこう細かいところにこだわりが生まれます。

どうしても前頭前野を使わないわけにはいかないのです。しかも、それをリラックスしてできるところが、趣味のいいところです。

そうやって前頭前野が働いている状態を自分でつくりだしていけば、扁桃体の情報処理は自然と収まっていきます。

すると、イヤな出来事が降りかかってきたとしても、扁桃体がそれを増幅して頭がカッカカッカすることがなくなります。

リラックスして趣味に取り組み、前頭前野が働いている状態が維持されていると、毎日のようにイヤな出来事の相手を見ても、その記憶はだんだん薄れていきます。

逆に、前頭前野が働かない状態が維持されていると、情動が優位になり、毎晩夢を見てイヤなことを刷り込み、それを長期記憶化してしまうことになるわけです。

イヤな出来事の長期記憶への移行をとめる最大の方法は、そのときに前頭前野を働かせてやることです。

前頭前野さえ働くようにしてやれば、その出来事もだんだんイヤなことではなくなります。悲しいことでも、恐怖でも、許せないことでもなくなっていきます。

したがって、リラックスした趣味を持つことはとても大切です。

それが、イヤな出来事に強い、精神的な安定度の高い脳を維持する基本です。

この基本を守り、それに加えて苫米地式の3つの方法論を身につけることができれば、これから起こるであろうイヤな出来事は、もはや何ほどのことでもなくなるはずです。

もちろん、**いまトラウマを抱えているならば、それはプロの専門家に任せてすんなりと解消することが一番の方法**です。

これから、イヤな出来事の記憶にいっさい囚われない人生が開けるとしたら、みなさんはこれからの未来に、どれほど多くのことを成し遂げることができるでしょうか。

因果はつねに未来にあります。

どうか読者のみなさんは、この本で紹介した方法を実践し、もっと素晴らしい未来のことにだけ思いをはせる人生を手に入れてください。

みなさんを悩ませている過去の記憶がどのようなものであろうとも、それは必ず、「あのとき、こうだったから、よかったのだ」に変わっていくに違いありません。

【著者プロフィール】

苫米地 英人（とまべち・ひでと）

認知科学者（計算言語学・認知心理学・機能脳科学・離散数理科学・分析哲学）。

カーネギーメロン大学博士（Ph.D.）、同 CyLab フェロー、ジョージメイソン大学 C4I& サイバー研究所研究教授、早稲田大学研究院客員教授、公益社団法人日本ジャーナリスト協会代表理事、コグニティブリサーチラボ株式会社 CEO 会長兼基礎研究所長。

マサチューセッツ大学を経て上智大学外国語学部英語学科卒業後、三菱地所へ入社、財務担当者としてロックフェラーセンター買収等を経験。三菱地所在籍のままフルブライト全額給付特待生としてイエール大学大学院計算機科学博士課程に留学、人工知能の父と呼ばれるロジャー・シャンクに学ぶ。

同認知科学研究所、同人工知能研究所を経て、コンピュータ科学と人工知能の世界最高峰カーネギーメロン大学大学院博士課程に転入。計算機科学部機械翻訳研究所（現 Language Technology Institute）等に在籍し、人工知能、自然言語処理、ニューラルネットワーク等を研究。全米で 4 人目、日本人として初の計算言語学の博士号を取得。

帰国後、徳島大学助教授、ジャストシステム基礎研究所所長、同ピッツバーグ研究所取締役、通商産業省情報処理振興審議会専門委員などを歴任。

また、晩年のルー・タイスの右腕として活動、ルー・タイスの指示により米国認知科学の研究成果を盛り込んだ最新の能力開発プログラム「TPIE」「PX2」「TICE」コーチングなどの開発を担当。その後、全世界での普及にルー・タイスと共に活動。現在もルー・タイスの遺言によりコーチング普及後継者として全世界で活動中。苫米地式コーチング代表。

サヴォイア王家諸騎士団日本代表、聖マウリツィオ・ラザロ騎士団大十字騎士。近年では、サヴォイア王家によるジュニアナイト養成コーチングプログラムも開発。日本でも完全無償のボランティアプログラムとして PX2 と並行して普及活動中。

苫米地英人 公式サイト　http://www.hidetotomabechi.com/
ドクター苫米地ブログ　http://www.tomabechi.jp/
Twitter　http://twitter.com/drtomabechi（@DrTomabechi）
PX2 については　http://bwf.or.jp/
TPIE については　http://tpijapan.co.jp/

編集協力　岡本聖司
デザイン　小口翔平＋畑中茜＋阿部早紀子（tobufune）
DTP　キャップス

「イヤな気持ち」を消す技術　ポケット版

2021年12月6日　　初版発行

著　者　苫米地英人
発行者　太田　宏
発行所　フォレスト出版株式会社
〒162-0824 東京都新宿区揚場町2-18　白宝ビル5F
電話　03-5229-5750（営業）
　　　03-5229-5757（編集）
URL　http://www.forestpub.co.jp
印刷・製本　中央精版印刷株式会社

ISBN978-4-86680-153-7　Printed in Japan